中华文化
公开课

中共中央宣传部宣传教育局
光　明　日　报　社◎编

人民出版社

责任编辑：钟金铃　郭彦辰
装帧设计：石笑梦

图书在版编目（CIP）数据

中华文化公开课 / 中共中央宣传部宣传教育局，光明日报社 编 . — 北京：人民出版社，2024.5

ISBN 978 – 7 – 01 – 026537 – 7

I. ①中…　II. ①中… ②光…　III. ①中华文化 – 通俗读物　IV. ① K203 – 49

中国国家版本馆 CIP 数据核字（2024）第 089624 号

中华文化公开课

ZHONGHUA WENHUA GONGKAIKE

中共中央宣传部宣传教育局　光明日报社　编

人民出版社 出版发行
（100706　北京市东城区隆福寺街 99 号）

北京新华印刷有限公司印刷　新华书店经销

2024 年 5 月第 1 版　2024 年 5 月北京第 1 次印刷
开本：710 毫米 ×1000 毫米 1/16　印张：17.5
字数：245 千字

ISBN 978 – 7 – 01 – 026537 – 7　定价：79.00 元

邮购地址 100706　北京市东城区隆福寺街 99 号
人民东方图书销售中心　电话（010）65250042　65289539

序

泱泱中华，历史何其悠久，文明何其博大。五千多年积淀传承下来的中华优秀传统文化，是中华文明的智慧结晶和精华所在，是中华民族的根与魂。推动文化传承发展，是历史的使命，也是时代的责任。党的十八大以来，习近平总书记站在赓续中华文脉、建设现代文明的战略高度，对中华文化传承发展的重大理论和实践问题，发表一系列重要论述，作出一系列重大部署，为新时代继续推动文化繁荣、建设文化强国指明了前进方向。

为深入学习贯彻习近平文化思想，认真落实全国宣传思想文化工作会议精神，贯彻落实习近平总书记在文化传承发展座谈会上的重要讲话精神，2023 年 9 月至 11 月，由中央宣传部宣传教育局和光明日报社共同举办的“核心价值观百场讲坛”，策划了 8 场文化传承发展主题宣讲活动。系列宣讲选取敦煌、红山、二里头、云冈、大运河、中华典籍、良渚、故宫等中华文化典型元素，邀请相关领域权威专家学者，以广博开阔的文明视野、生动鲜活的文物史料、深入浅出的文化阐释，带领大众深入探究中华文明多元一体的发展历程，感受中华文明守正创新、开放包容的鲜明品格，体悟中华民

《加强文化遗产保护传承
弘扬中华优秀传统文化》

族优秀价值观念中蕴含的思想力量、道德力量、精神力量，以文化人、以文育人，推动全社会培育和践行社会主义核心价值观。

系列宣讲植根于中华文化的沃土，以收藏在博物馆里的文物、陈列在广阔大地上的遗产、书写在古籍里的文字为载体，溯源价值、融通古今，阐释中华文明的精神标识和文化精髓，展现中国道路的文化底蕴，是充分发挥"核心价值观百场讲坛"品牌优势的一次重要创新，也是百场讲坛举办近十年来，主题最突出、文化意蕴最深厚的活动。高品质的宣讲受到各地干部群众的热烈欢迎，得到社会各界的广泛赞誉。同时活动还注重发挥媒体融合传播优势，实现对不同圈层受众的广泛覆盖，不断壮大主流价值、放大主流声音。

在文化传承发展主题系列宣讲中，形成了一系列精彩隽永的文章，在《光明日报》"光明讲坛"整版刊发，得到读者一致好评。故此，我们认真整理宣讲精彩内容，深挖思想文化内涵，丰富图文视频资料，着力提高知识性、可读性、思想性，精心组织编写了《中华文化公开课》一书。希望借由墨韵书香，让广大读者更近距离触摸中华历史、感悟文脉流淌，让社会主义核心价值观在文化传承与发展中共振共鸣。

目 录

CONTENTS

文明曙光

西辽河流域文明化进程探源

王　巍

中国社会科学院学部委员、历史学部主任，中国考古学会原理事长

中国文化源远流长，中华文明博大精深。中华民族具有百万年的人类史、一万年的文化史、五千多年的文明史。中国是一个幅员辽阔的国家，各个区域都有自己独特的迈向文明社会的道路。今天我们就来看一看西辽河流域社会文化是怎样发展、精神层面是怎样进步，又是怎样一步一步进入文明社会的。

中华五千年文明的曙光

一、何以中国：中华文明探源工程

首先介绍一下中华文明探源工程。这是我国“十五”时期至“十四五”时期的重大科研项目，至今已经有20多年。探源工程的总方针是“多学科、多角度、多层次、全方位”，参与的学科有20多个，大家能够想到的自然科学中比较大的学科，像物理、化学、天文、地质、生物等都参加了探源工程。直接参加项目的学者有400多位，其中有多位院士。它是我国迄今为止持续时间最长的、人文科学和自然科学相结合的大型研究项目。

探源工程研究里有一对概念，需要事先跟大家讲一讲，就是“文明起源”和“文明形成”。这是两个前后有联系，但并不相同的概念。什么是文明起源？就是史前时期文化发展，社会开始出现分化，文明因素开始孕育。什么是文明形成？就是文化进一步发展，分化进一步加剧，出现阶级、王权和国家。从文明起源到文明形成，是文明因素从量的积累到质的变化。什么是质变点呢？就是国家的出现。我们探源工程就要研究这个地区的文明是什么时候起源的，又是怎么逐渐发展到文明社会这样一个过程。在西辽河流域，我们也是这样来考察的。

探源工程研究的空间范围，主要是黄河上中下游、长江上中下游、西辽河流域；时间范围是距今5500年至距今3500年的2000年。这2000年是什么概念？从黄帝、炎帝的时代一直到商代前期。研究这2000年各个地区文化的发展、社会的分化、国家的出现，特别是研究它们之间相互的联系，这就是探源工程的主要内容。

探源工程具体研究什么问题呢？在这里我们也作些概括。探源工程研究的第一个大问题是：中华文明是何时、如何、为何形成的？这里有三个关键词：一是“何时”，中华文明是何时形成的，是否具有五千年的历史。大家知道中华文明五千年，但它是一个历史的真实呢，还是只是传说或者只是“号称”？二是“如何”，中华文明是如何形成的，各个区域的文明是如何形成的，其中也包括我们今天要讲的西辽河流域。三是“为何”，中华文明经历了怎样的过程和为何经历了这样的过程。

第二个大问题：中华文明以黄河中游为引领或为中心的历史格局，是何时、如何、为何形成的？为什么没以其他地区为引领，却以中原地区为引领？或者换句话说，我们的中国是怎样形成和发展的？这个问题也很重大。

第三个大问题与第二个大问题相关联，尤其是和第一个大问题相关联，那就是：文明形成的标志是什么？根据什么我们可以说进入了文明社会？有没有放之四海而皆准的标志？这个标志的不同，直接决定了文明的久远程度。

第四个大问题，就是：作为世界四大文明之一的中华文明有什么特点，为什么会形成这些特点？

坦率地说，对这些问题的回答仅依靠一个学科是不可能的，我们需要以考古学为中心，多学科联合攻关，或者以考古学为基础，通过调查发掘出遗迹、遗物，然后用各种学科来进行分析和阐释。

习近平总书记
在文化传承发展座谈会上的讲话

二、何为文明：判断进入文明社会标志的新方案

什么是文明？大家都熟悉“文明”这个词，比如这个人举止是不是文明、农业文明、游牧文明，等等。我们在这里讲的文明，是指人类文化和社会发展的高级阶段，社会出现分工和分化，发展出阶级、王权和国家，文明形成最重要的标志是国家的产生。这是我们对文明的理解。

我们从 2002 年开始做探源工程，遇到一个最大的问题，其实就是“什么是判断进入文明社会的标准”。1987—1990 年我在日本留学，那时看到的日文出版的关于世界文明的书籍，讲到古埃及文明和两河流域文明 5000 年，印度河流域

文明4500年，中国文明3300年，为什么呢？就是因为当时的标准就是冶金术、文字和城市。那么中国到现在为止，系统的、可以确认的文字最早的还是在殷墟。我们和他们去讨论，他们认为我们的夏是虚幻的王朝，五帝、炎帝是神话，所以他们不予置理。

这样的话，我们还是要找最早的文字、最早的冶金术等。后来我们设置了一个子课题，就是研究文字、冶金术和城市这“文明三要素”是怎么确立的。我们发现，它是从古埃及文明和两河流域文明的特征中概括出来的。但是我们放眼世界，中美洲有个玛雅文明，2015年我有机会带队去发掘它的首都科潘的遗址，确实文明很发达，有王权国家，但并没有冶金术，不知道金属的使用。在它南边有个印加文明，马丘比丘世界文化遗产也很发达，甚至号称印加帝国，但它是结绳记事，并不知道文字。国际上并没有因为它们不符合“文明三要素”就否认它

◎河南安阳殷墟博物馆新馆（新华社记者　李安/摄）

◎洪都拉斯科潘玛雅古城遗址（新华社记者　辛悦卫／摄）

们进入了文明社会，这说明什么？说明各地都有自己进入文明的表现。这三个要素不是放之四海而皆准的，不是不可或缺的。

根据中国的考古材料，兼顾其他古老文明，我们提出了判断进入文明社会的新标准。一是包括农业、手工业在内的生产发展，人口增加并聚集，出现城市。二是社会分工分化不断加剧，高技术含量手工业专业化，出现脱离劳动、从事部落或事务管理的阶层，比如从事宗教祭祀的阶层等；而后贫富、贵贱分化不断加剧，出现阶级。三是权力不断强化，出现王权和国家，出现集军事指挥权、祭神的权力和社会管理的权力于一身的王。

这是我们认为的进入文明社会的三个标准。其中，国家的出现是最主要的标志。我们坚持了历史唯物主义的观点，恩格斯有一句名言："国家是文明社会的概括”，什么意思？就是国家是进入文明社会最关键的特征。当然，我们也会遇到质疑，那就是在没有文字记载的情况下，你怎么说当时进入了阶级王权和国家？我们的回答是，国家的产生会在考古遗存中留下痕迹。具体来说，可以归纳为以下几个特征：

一是都城。什么是都城？就是规模巨大，需要动用大量人力来建造的政治、经济、文化中心。

二是宫殿或神庙。规模宏大、建造考究的建筑；王或者高级贵族居住和处理政务的场所；在神权居于统治地位的情况下，表现为高大雄伟的神庙。

三是大墓。规模大、随葬品多的墓葬；王和高级贵族的墓葬。

四是礼器和礼制。不仅是规模大、随葬品丰富，还一定有一套彰显权贵阶层尊贵身份标志的器物，比如商代的青铜容器、夏王朝时期的玉礼器、良渚的玉礼器等。

五是战争和暴力。武器大量出现；宽大的壕沟和高大城墙的防御设施出现；人和人的地位悬殊，出现地位低的人为地位高的人殉葬，或者是建大型宫殿时用人来奠基的现象。

如果在考古上出现了这些因素，虽然它可能没有出现冶金术，但是手工业有别的发展，比如说琢玉工艺有发展；虽然没有文字，但是它的信仰体系、知识体系会以别的形式表现，那么这样的文明同样可以认定为进入了文明社会。我们的标准当然是基于中国的材料提出的，但是这些年我们走出去，光我就到中亚，到中美洲、埃及，带队去发掘，从研究的结果来看，无论是埃及文明、两河流域文明、印度河文明，包括玛雅文明等，都符合这个标准。也就是说，放眼世界，我们这个标准应该说具有普遍的指导性。为什么呢？因为我们坚持了历史唯物主义的观点，认为国家是文明社会最关键的特征。

三、西辽河流域的文明起源

下面，我们来看一看西辽河流域的文明化进程。西辽河流域现存最早的文化是兴隆洼文化，实际上距今万年左右也有文化迹象，只是现在还有些线索需要我们去深化和发掘。兴隆洼文化非常重要，距今8200—7200年，主体分布在内蒙古东南部和辽宁西部地区。1990—1992年中国社科院考古所对内蒙古赤峰敖汉旗兴隆洼遗址进行了大面积发掘，挖掘出了一个160米长、140米宽的椭圆形的聚落。聚落周围有一条宽两米左右的围沟环绕，里边是成排的建筑分布，每一个方形的是建筑，圆形的是当时的窖穴，等等。可以看出，这是一个很完整的村落。

它的墓葬很有意思。墓葬在房址里边，人们在房子里居住，去世之后在房子

◎ 内蒙古赤峰兴隆洼遗址

青黄玉玦

8000 年前的耳环竟然长这样

石磨盘、磨棒

之字纹筒形罐

◎ 兴隆洼遗址出土的器物

地面挖一个墓葬埋人，上边的人继续生活。这种习俗是不多见的，这表明人们希望活着的人和死者能够保持密切的联系。

比较重要的发现是，遗址中开始出现随葬品，少数墓葬开始随葬精美的玉器。这些玉器在中国境内是比较早的，距今 8000 年左右。其中出土的耳环，我们叫玉玦，特点是有豁口，以便于佩戴。1994 年从 135 号墓出土的一对大型玉玦，直径约 6 厘米，制作精美，技艺高超，说明手工业取得了相当大的进步。在农业初步发展之后，有些人主要的精力是用来制作这种玉器，我们叫“初步出现了农业和手工业的分工”。

兴隆洼遗址出土的玉器中，还发现一对耳环带一个吊坠的情况，大的耳环带大的吊坠，小的耳环带小的吊坠，形成了固定的装饰品组合，制作得相当精致。

2002 年，通过考古发掘又发现了兴隆沟遗址。兴隆洼遗址整体是椭圆形的，兴隆沟遗址则是分成几个小区，方形的建筑、方形的房址成排分布，显然这是一个有规划的村落。

地面上当时居住的场所、放置陶器的场所、制作石器的场所，区域上都有不同。我们找到了当时去谷壳的工具——磨盘和磨棒。有的地面上还有人骨。为什么在地面上有人骨？是去世之后整个房子废弃了，还是其他原因？这还有待研究。

这时人们的精神生活开始丰富起来。我们可以看到当时流行用头盖骨做装饰，头盖骨眉弓周围锥了很多小孔，应该是缝在一个纺织品上的，这和当时的宗教信仰有密切的关系。还有镶嵌蚌饰的人的形状的饰物，这是中国目前能够见到最早的利用蚌片来镶嵌的饰物，后来我们把蚌片镶嵌在漆器上的工艺叫作螺钿。

2003 年，我们在兴隆沟遗址，发现了当时世界上最早的碳化的粟和黍，也就是小米和黄米。在此之前，我们在华北几个遗址都发现了粟和黍，距今 7000 年左右。因为兴隆沟的这个发现，我们把它们出现的时间提早到了距今 8000 年前。

有的墓葬，下面埋人，上边有一个陶罐，陶罐的下半部埋在墓葬填土里，上半部露出地面，而且有一个孔。我们认为，这应该是为了让死去的亲人的灵魂能够从这个孔出来和家人团聚。还有成年男女合葬墓，而且有随葬品。我们非常关注随葬品，因为随葬品是当时人们认为到了那个世界最不可或缺的东西。随葬品是什么呢？是去谷壳的工具——磨盘和磨棒。这表明当时农业对他们是至关重要的，所以到另一个世界，一定要把磨盘、磨棒带去。

更重要的是，社会开始出现了分化的端倪。我们原来都认为，距今 6000 年左右才开始出现社会分化。但是在兴隆洼遗址，我们发现一位 50 多岁的男性墓主人，随葬品比较丰富，包括耳环、耳环吊坠、陶器、渔猎用的工具、石斧、兽牙的装饰，等等。重要的是，他身旁有一雌一雄两口猪陪葬。当时家猪刚刚开始饲养，是非常重要的财富，大家想想一口猪能够提供的肉食量有多大，所以一般的墓葬当中只是随葬磨盘、磨棒或一件陶器。但这个墓不仅随葬品丰富，而且随葬两口猪，说明这个人地位是比较高的，50 多岁的男性，应该是当时聚落的首领。所以我们说，8000 年前这里就开始出现社会分化的端倪。前面我们讲了，文明起源是从社会分化开始的，那么西辽河流域大约在 8000 年前就开始了文明起源的进程。

在辽宁阜新蒙古族自治县沙拉镇，我们也发现了同时期的遗址，叫查海遗址。这个遗址也是方形的建筑成排分布，属于经过规划的一个村落的情况。

在这个村落的中间，有一个石堆，长条形的，发掘者认为应该是龙的形状，在这个聚落的中心特意留有这样一个小广场，堆了龙形石堆。当然，也有人持不同的意见。查海遗址出土的物品跟兴隆洼类似，所以我们认为它们是同一个文化，我们叫兴隆洼文化。

白音长汗遗址位于内蒙古林西县双井店乡白音长汗村西南，与兴隆沟比较类似，但他们用石头来做墓葬。白音长汗遗址的墓葬也随葬玉耳环等。值得注意的是，随葬品中开始出现了动物的形象，这可能和后来的红山玉龙有联系。

塔尺营子遗址位于查海遗址东南约 5 公里。其中出土的石雕神人面像，兽面的形象，圆圆的眼睛，在这个区域是最早出现的。这个时期的文化，在河北的北部张家口地区也有发现。

兴隆洼文化之后，西辽河流域出现的是赵宝沟文化，大概距今 7200—6500 年。此时农业得到进一步发展，人口有所增加，人们的精神生活日益丰富。最具代表性的是在内蒙古敖汉旗小山遗址出土的一件陶尊表面所施的纹饰图案：生着翅膀的猪、鹿等神兽，在祥云中飞翔。这说明在当时人们的信仰体系中已经形成了某几种动物具有神性的观念，它为其后红山文化中的玉龙、玉鸟、玉龟等具有神性的动物的出现奠定了基础。

石耜

陶杯

陶罐

陶尊

扁壶

◎ 赵宝沟遗址出土的器物

四、西辽河流域文明形成的关键期——红山文化概览

我们再看之后出现的红山文化，这是我们要讲的重点。考古上我们经常讲某某文化，它都是以最先发现这个遗存的小的地名命名，比如仰韶文化就是仰韶村，良渚也是。红山文化是以内蒙古赤峰红山后这个小遗址命名的。红山文化的年代范围是距今 6500—5000 年，农业逐步发展，人口逐步增加，社会分化不断

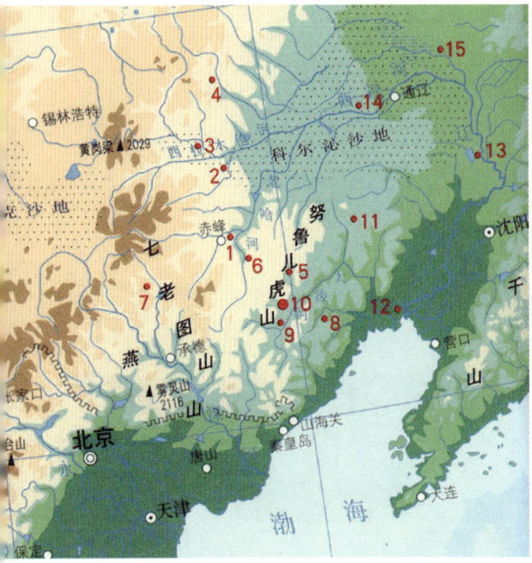

◎ 红山文化典型遗址分布图

加剧，精神层面信仰非常发达，后来发展到红山晚期时，可以叫作西辽河流域早期文明。真正跟文明相联系是红山文化的晚期，距今 5500—5000 年。

红山文化的分布范围是内蒙古赤峰地区和辽西地区，都是在西辽河流域。北跨西拉木伦河，向蒙古草原纵深扩展；南至渤海沿岸；东以医巫闾山为界至辽河两岸；西至河北省张家口地区的桑干河上游。赤峰红山后遗址是日本学者最先发掘的，1938 年出版了赤峰红山后发掘报告。1954 年，中国著名考古学家尹达先生提出“红山文化”的命名。除了赤峰红山后，还有东山嘴、牛河梁、胡头沟等，这就到辽宁境内了。

红山文化遗址可以分为两大类，一是居住址，二是埋葬和祭祀遗址。居住址以小东山、魏家窝铺、西台、兴隆沟遗址第二地点和哈民忙哈遗址最具代表性。埋葬和祭祀遗址以东山嘴、牛河梁、草帽山遗址最具代表性。

◎ 内蒙古赤峰红山

◎ 内蒙古赤峰博物馆

1. 陶器和彩陶

◎ 红山文化彩陶双系罐

红山文化遗址中出土的陶器主要是日常生活使用的陶器。值得注意的是，红山文化遗址中有了一些彩陶。什么叫彩陶？就是在陶器表面做成泥坯的时候，用矿物质原料画出纹饰，然后经过烧制后就形成了非常漂亮的纹饰，这样的陶器我们叫彩陶。

彩陶文化本来是中原地区仰韶文化的“特产”。仰韶文化是 1921 年在河南渑池仰韶村发现的，距今 6500—5000 年，基本上和红山文化同时。它的最主要的特征是在陶器表面有彩色的纹饰。有迹象表明，仰韶文化的彩陶从距今 6000 年开始向周围扩展其影响。距今 6000—5700 年时流行鱼的图案，但这时鱼的图案已经简化，长条的鱼已经简化到几何图案。更重要的是出现了新的图案，以花和鸟的图案为代表。它的分布范围在陇东的一个比较小的地区。到下一个阶段，距今 5700—5400 年，分布范围扩大了，影响到了西辽河流域。到距今 5400—5100 年，仰韶彩陶的分布范围进一步扩展到长江上中下游、黄河上中下游。这期间，各地的陶器颜色有红有黑、器形也不一样，但圆点、弧线、三角弧线的图案是共同的，代表着中原地区文化第一次向周围强烈地辐射开来。我个人认为，这或许和黄帝、炎帝集团的兴起，以及文化影响力的扩展有关。

2. 农业

红山文化中晚期，农业农具改进，出现了石耜，也可以叫作石铲。磨盘、磨棒制作得更加精致，收割用的镰刀也出现了。显然，这个时候农业有了显著的发展。红山时期的农业在学术界有争论，有人认为农业不是那么兴盛发展，比如墓葬当中很难看到很多跟农业相关的迹象，因为主要流行玉器。但是我们看到距今8000年的兴隆洼，人在去世后要随葬一个去谷壳的工具，还有刚才提到的出现了石耜，可见当时农具的发达。可以说，农业在红山，尤其在红山晚期已经成为主要的生产部门了。

3. 神庙与祭祀

西辽河流域辽宁喀左的牛河梁遗址群，最突出的是在40多个山头上用石头堆筑的方形或圆形的遗迹。其中位于中心的一个山头上，有7万平方米的超大型的祭祀遗迹。它的结构非常复杂，经过了几个时期的修建。很有意思的是，在它的南坡，有一个特殊的长条形的遗迹。

经过20世纪80年代中期的试掘，发现里边有大量的泥塑。泥塑成形之后没有经过火烧，因为一旦火烧之后就变成陶了。泥塑就像酥皮点心似的，一碰就掉渣。所以当时经过试掘后来又回填了，把它保护起来。这些泥塑是什么呢？有大大小小的人像，能够看出特征的都是女性的形象。除此之外，还有动物的形象，比如很像是龙的动物的下颌，比如熊爪、鹰爪。我们认为，这应该是一个神圣的场所，塑的应该都是具有神性的动物。还有一些显然不实用的陶器，

5500年前的“女神”原来长这样

比如没有底的陶罐，而且往往是半面，也就是朝外的一面有纹饰。这些与祭祀相关的器物非常多。

在其他山头上，也发现了祭祀的遗迹，有的是圆形的，有的是方形的。其中圆形的非常引人注意，它的结构是三重圆坛。这个三重圆坛有什么特别的？我们一直到明清时期祭天的天坛都是这种圆坛，为什么是圆坛呢？天圆地方。为什么是三重的？因为在当时人们的信仰体系当中，认为天有三重。当然，我们的考古只能说这个圆形的结构和后来的天坛在结构上是相似的，没有证据证明它就是用于祭天。

类似的比如辽宁喀左的东山嘴遗址，是一个15000平方米的遗址群，遗址有圆形的部分和方形的部分。圆形的，我们认为它应该是祭坛，后来发展到牛河梁遗址等级最高的时候是三重圆坛。

从地理位置和出土等各方面情况来看，可以肯定的是，当时牛河梁起码是一个信仰的中心。周围广阔地域的人都以能埋在那里为荣。因为有一个大的女神庙和祭坛，也就是有一个公共的祭祀场所，或者叫作当时的信仰中心。但是不是还有其他的中心，比如说在内蒙古东南部是不是还有次一级的中心，这些还有待研究。

4. 墓穴、随葬品与阶层分化

在牛河梁圆形祭坛遗址的旁边，有方形的埋葬权贵阶层的大型墓葬。这种用石块堆积起来的红山文化墓葬形式，被称为“积石冢”。有的边长达到20米左右，它们是社会显著分化的证据。

牛河梁第二地点一号冢第21号大型墓，是迄今所知随葬玉器数量最多的一座石棺墓。权贵阶层的墓葬都只随葬玉器，而且玉器往往只出现在权贵阶层，说明当时“以玉为贵”的观念已经出现了。

我们一直关注红山文化是否存在武器，因为曾经有一种说法，认为当时不存在战争，主要是祭神，靠神的力量。但是我们发现在若干大墓墓葬当中也有钺存在。钺是中国史前时期主要的近距离格斗武器，远距离武器是弓箭，像刀矛剑戟都是青铜时代的事情。距今6000年以来，在黄河流域、长江流域、辽河流域都出现斧钺，而且在大墓当中随葬，我们认为这应该是首领掌握军事权力的象征。

我们再来看看红山文化的其他几个遗址的墓葬情况。

辽宁阜新胡头沟遗址。1973年和1993年进行过发掘，也有一个最中心的大墓和其他的几个墓的现象。随葬的有玉龟、玉鸟、玉璧等，也有绿松石。可见在红山文化分布区，高等级的墓葬都流行这样一套随葬玉器的传统。从胡头沟遗址和牛河梁遗址出土的情况来看，它们从器类到形制上都是一样的，说明当时存在一个统一的

◎ 红山文化玉器

◎ 辽宁朝阳半拉山墓地出土的石雕人像（中新社发　钟欣 / 摄）

信仰体系。

辽宁朝阳的半拉山墓地。经过精心规划和营建，先在地表人工积土为冢，在土冢上进行埋葬和祭祀活动，从而产生了墓葬和祭祀两种不同的遗迹，并且两种遗迹有明显的分区现象。半拉山墓地出土的玉器，内容跟牛河梁是一样的，比如玉璧、玉龙、玉鸟、玉龟、玉钺等，说明在这个广阔区域内玉器的组合是共同的。出土的钺有一个木柄，木柄的底端有一个装饰，放在墓主人的身上，我们认为这应该是彰显他的军事权力。如果是一般的武器没有必要做得这么精致，而且权贵阶层随葬的钺还被特殊地放置，因此我们认为出土的钺应该跟军事指挥权有关。

这个墓葬当中还出土了非常令人震惊的石雕像，非常巨大，高约 40 厘米。这是第一次在红山的墓葬中出土石头的雕像，我们刚才说了有玉的，有陶制的，而这个是石雕的，并且形体巨大。它是残破了的状态，埋在墓葬里。显然，这个石像是非常值得我们注意的。

还有一类雕像，大大的眼睛突出来，大家想想也知道，这个石雕要做起来是非常复杂的，而且它做得还是很形象的，表情都能够呈现出来。这两类石雕都很有代表性。

我们可以看到在内蒙古地区也有同时期的红山文化的墓葬，而且随葬的东西，比如说玉龙、玉鸟等也都是非常一致的，还都有这种石头的雕像，说明它们是同一个文化。

5. 居址

魏家窝铺遗址，位于内蒙古赤峰红山区文钟镇魏家窝铺村东北约 2000 米的丘陵台地上。之前我们一直缺乏红山时期居址的发掘，在魏家窝铺进行的发掘，还是有收获的。确认了房址、灰坑、壕沟、灶址等众多遗迹，出土了大量的陶器、石器、蚌器以及动物骨骼等。对于当时生活的情况，我们由此可以有所了解。

内蒙古通辽的哈民忙哈遗址，房址成排分布，方向一致。它的特点是在其中一个房址当中有 90 多个人骨，可能是不同时期或者某一个时期去世的人，集中埋葬在房子里了。出土的物品，虽然陶器有所不同，但从玉器来看基本上还是相

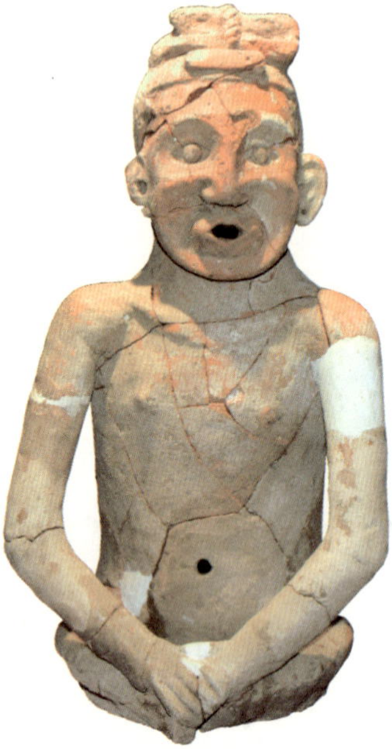

◎ 兴隆沟遗址出土的敖汉陶人像
（中新社记者　孙自法 / 摄）

似的，只是没有玉龙的出土。所以，哈民忙哈遗址是不是属于红山文化目前还有争议。

6. 人像传统

20 多年前我们带队在兴隆沟遗址发掘，发现了一个陶人像，60 厘米左右。红山文化非常流行人像的传统，但在中原地区就苦于缺乏人像，祭祀祖先一直都是用牌位，所以我们对当时人们的形象一直缺乏了解。红山给我们提供了非常难得的资料，出土的石雕像和陶塑像填补了过去缺少早期雕塑人像作品的空白，是极其珍贵的史前人像雕塑作品，在我国及世界雕塑史上占有重要地位。另外，四川三星堆大家都知道，也是非常流行人像的传统。

7. 龙的起源

红山文化特别值得一提的是龙的出现。红山文化晚期一些墓葬当中出土了玉龙，这个时期出土龙最典型的，或者说龙的信仰最明确、最集中的，是牛河梁遗址。这时的龙，它的身体呈 C 形，但是嘴这个部分很像猪，所以一般也叫玉猪龙。

最近的发现非常令人震惊，在内蒙古赤峰松

山地区的彩陶坡遗址，出土了用蚌壳雕刻成的龙的形状，而且年代远远早于我们刚才说的距今 5500—5000 年，保守估计距今也有 6000 年左右。这表明，在这个区域距今 6000 年前已经有了龙的信仰。这对研究龙的信仰的起源是非常重要的新线索。

我们再来看龙的起源，红山的龙究竟是起源于什么时期？我们前面提到红山之前有一个赵宝沟文化，有一件非常典型的陶器，虽然看着不起眼，但它的纹饰非常有特点。有鹿的形状，有长着獠牙的猪的形象，重要的是它们都带着翅膀在飞翔。

可见，距今 6800—6500 年的时候，在西辽河流域就有这样的信仰。这些动物都是带着翅膀飞翔，足见当时人们的精神世界是非常丰富的。我们认为这是后来的龙的来源，首先它是天上飞的动物，被赋予不同的神性，由不同动物的合体

◎ 赵宝沟文化三灵纹尊纹饰展示图

◎红山文化 C 形玉龙（中新社记者　于海洋 / 摄）

构成，尤其是陶器上含有猪的形象。所以我们认为，从现有的发现来看，西辽河流域的龙很可能有本地的起源。

史前各地都出现了玉龙，有安徽凌家滩的、湖北石家河的、浙江良渚的、长江下游崧泽的，各地玉龙的起源很可能都在西辽河流域。商代制作的龙是圆环形状，由此我们可以看出红山的玉龙的影响。到夏商时期，龙成了方头，身上有菱形的纹，这是它的发展和变化。菱形纹的装饰是商代的龙的特点。

西周时期有玉人，然后有玉龙的形象，这时的造型一般都叫作夔龙了，可以看出它在不断变化。经过东周时期之后，汉代的龙更为精致了，在很多汉墓当中都有发现。而且它们都是身体呈 C 形的玉龙，应该是延续了红山所形成的龙的形状。经过魏晋南北朝的发展，到了唐代龙的形象、装饰越来越复杂，渐渐脱离了 C 形的圆环的形象，出现了各种各样的长条形、身体伸展的龙的形象。元代、明代这种龙就更常见了，一直发展到清代的玉龙，龙是天子的象征。

8. 文化互鉴

与我们刚才讲的距今 6000 多年的龙的信仰大约同时期的黄河流域河南濮阳的西水坡遗址中，发现了一个仰韶时期的人骨。在它两侧用蚌壳堆的龙形图案，和红山文化的彩陶坡是同时期的，而且彩陶坡又出土了那么多的彩陶，还有蚌壳的龙饰，所以我们认为两者之间很可能有联系。

下面我们讲一讲牛河梁、红山文化与凌家滩文化的对比。安徽的西北部靠近南京的马鞍山市含山县有一个凌家滩遗址，也是出土了高等级的墓葬，随葬大量的玉器。最近我们的探源工程到了后期，要求寻找典型遗址，寻找中心遗址。在这个过程中，发现了 140 万平方米的超大型遗址，3000 平方米的宫殿区，高等级的墓葬区、祭祀区，等等。我们注意到红山文化与凌家滩文化之间，有非常密切的、非常多的相似的因素，比如玉人。牛河梁的玉人，与凌家滩也就是长江下游地区的玉人，它们头形不一样，脸形也不一样。凌家滩玉人是小方脸，牛河梁玉人是圆圆的脸，和红山这边的蒙古人种比较接近，但是他们的姿势都是相同的，这让我们感到非常震惊。这是什么姿势？会不会都是很虔诚地向神祈祷的姿势？但它们却相距了 1500 公里。除此之外，还有很多相似之处，比如身体都呈 C 形的玉龙，还有玉龟和玉鸟，还有非常相似的斜口形器。这么多相似之处连

◎ 红山文化玉人

在一块，如果说这两个文化完全没有关系，完全是偶然的，那就太不可思议了。所以我们的结论就是，距今5500—5300年，可能在相当广阔区域的社会上层之间存在着交流的网络，存在着信息的沟通，存在着相互的借鉴和吸收。我们认为，应该是这些地方相互之间交流、交互、交融，形成了一个早期“中华文化圈”，而且后来一直延续至今，包括龙的信仰。

“龙的传人”是这样来的

再举几个例子。比如牛河梁和凌家滩的玉鸟、圆角方形的璧、鼓形箍、亚腰形珠等等，形制非常相似。但是，我们可以看到玉料显然是红山这边的更好，制作的精致程度总体上也更高。还有良渚的玉龙，和红山的玉龙也是比较接近的。

还有在商代晚期的殷墟妇好墓中，玉器就出土了700多件，铜器出土了400多件，铜容器出土了200多件。其中竟然发现了红山玉器，这点是确凿无疑的，它无论是玉料还是形制都来自红山，却出土自殷墟。殷墟比红山晚了2000年，可见红山有一些玉器被后代所传承，一直流传到了殷墟。所以可以说，红山的玉器对后世有很强烈的影响。

总体而言，红山文化晚期是一个在西辽河流域文明进程中十分关键的时期，它进入了初级文明社会。主要特征有以下八点。

其一，在距今8000年已经初步出现农业的基础上，到了红山文化时期，农业得到显著发展。红山文化晚期，农业经济彻底取代了狩猎—采集经济，占据主导地位，相对稳定的食物来源为人口的增长和手工业的分化提供了基本保障。

其二，遗址群、遗址的数量显著增加。遗址分布密集是人口迅猛增长的标志，而聚落间的分级和超大规模中心性聚落的出现是社会组织复杂化的印证。我们可以看到聚落之间分级明显，最高等级的牛河梁，还有东山嘴、半拉山那样的各个区域都形成了自己区域的次级中心。

其三，红山文化时期生产力水平显著提高，手工业分化日趋加剧，出现了从事建筑以及制陶、玉雕、陶塑与泥塑等的专业化队伍。因为生产力发展了，不是所有人都需要去种植粮食获取食物，所以社会出现了手工业制作等的分工。高技术含量的手工业，在红山文化这里就表现为精致的玉器、陶塑等的制作。当时应该已经有了专业的工匠，而且制作工艺在艺术方面达到了相当的高度。大家前面看到的那么精致的玉器，哪是每家每户都能制造的？我们认为，当时应该存在世世代代以制玉为职业的工匠世袭家族。建筑技术的发展和提高突出表现在大规模建筑群体的规划与设计，以及对于新型建筑材料的加工和使用方面。在房屋形制和布局上，我认为应该是从黄河流域学来了涂抹白灰面的建筑。因为在黄河中游地区，在陇东等地，就是用白灰把居住面抹得非常平、非常好，包括墙壁上有白的颜色，上面又涂了红色的彩绘，这个情况我们在红山也可以看到。

其四，红山文化时期的科学和艺术成就引人注目。前者是推动社会发展的强大动力，后者是展示社会繁荣和先民智慧的重要标志。

其五，在祭祀性遗址的建筑和布局方面，积石冢建在山梁或土丘的顶部，用石块来建造，有单冢与多冢之分，规模大小有别。以牛河梁为代表，当时苏秉琦先生提到叫坛庙冢，祭坛、女神庙、积石冢。坛庙冢成为一个组合，这个组合在高等级的祭祀的中心出现了，而且我们发现它的分布范围达到 50 平方公里。可以说当时在这样一个广阔的范围，在赤峰的南部、辽宁的西部，应该有一个统一的祭祀中心，这就是牛河梁。

其六，以单排房址为代表的独立的经济生产和生活方式得以确立。聚落的防御设施明显增强了，房屋排列仍然以中心性的大房址为中心，但是好像没有像在兴隆洼时期那样成排成排分布的状况，所以相对独立的房址可能是当时比较普遍的家庭居住场所。

其七，红山文化晚期，社会结构分化，出现了掌管宗教祭祀大权和社会政治大权的特权阶层，等级制度得到确立。牛河梁除了出现高等级的祭祀中心，还出现了高度一致的玉器的组合、随葬品，包括玉龙、玉鸟、玉龟、玉璧等等，所以

陶爵

陶鬶（guī）

陶尊

陶罐

◎ 夏家店下层文化陶器

在信仰方面应该说牛河梁达到了相当高的程度。而且这个信仰跟权力的集中是吻合的，因为掌握了祭神的权力，掌握了通神的权力，那他的首领的意志就是神的意志。所以在西辽河流域文明化进程当中，我们认为神权、和神的沟通应该是当时王权形成的非常重要的，或者说是主要的一个途径。另外，由于玉石钺用于祭祀与随葬，可见军事指挥权也是存在的。

其八，红山文化时期广泛吸纳周邻地区史前文化的强势因素，成为西辽河流域史前社会发生质变的重要推动力。

所以，我们的结论就是距今5500—5000年的红山文化晚期，西辽河流域的史前社会发生了质变。我们讲从文明起源到文明形成，质变点是阶级、王权和国家，我们认为这个时期西辽河流域进入了初级文明的阶段。到距今4000—3500年的夏家店下层文化时期，这个地区进入了高级文明社会。所以西辽河流域在中国文明起源形成过程当中的重要地位倍加凸显，从中华龙文化的发展和演变轨迹看，红山玉龙应是中华龙的本源。西辽河流域的文明化进程，为中华文明多元一体格局的形成，奠定了坚实的基础，作出重要贡献。

五、中华文明起源、形成与发展的历史脉络

经过探源工程20多年的研究，我们对中华大地上文明的演进过程有了轮廓性认识。我们对整个中华文明起源、形成与发展过程的概括，基本是这样的：

“万年奠基”：距今约1万年前，华北地区的先民驯化了粟和黍，长江中下游地区的先民开始种植稻。栽培农业出现，定居村落形成。大约20年前我们曾在赤峰发现最早的粟和黍，后来我们在北京西郊门头沟东胡林人遗址又发现了更早的接近万年前栽培的粟和黍，说明栽培粟和黍有更久远的历史。而且很有意思的是，在大约同一时期，长江中下游开始了水稻的栽培，浙江浦江上山遗址出土了栽培稻和陶器、石器；华北和长江中下游的先民们开始磨制石器和制作陶器。农

业的产生使各地出现了小型的定居村落，为后来的文明形成奠定了基础。

“八千年起源”：距今8000—6000年为全球范围的气候大暖期，古环境研究表明，当时黄河流域的气候类似于现今的长江流域，长江流域的气候类似于今日的华南。因气候温暖湿润，稻作农业向北传播到了淮河下游地区，粟作农业在黄河中下游及燕山南北得到普及。遗址中出土的石铲和骨铲，表明刀耕火种已发展为耜耕农业。这个时期的农业促使人口增长、村落增加、手工业发展和社会进步，先民精神生活丰富。淮河上游河南舞阳贾湖遗址的先民种植水稻、饲养家猪、酿酒、制作绿松石器，还发明了可以演奏乐曲的七孔骨笛，包括我们前面提到的兴隆洼的人头骨装饰。各种各样跟原始宗教信仰有关的审美，比如以玉为美的观念开始形成。在贾湖、兴隆洼等遗址，出现极少数规模较大、随葬玉器或绿松石器的墓葬……这些都说明社会已经出现分化，开启了文明起源的进程。比如前面提到的兴隆洼那个随葬了两口猪的50多岁老人的墓葬。而且这个分化还不仅仅是在辽西，在其他地区，在中原也开始出现分化。所以我们说文明“八千年起源”。

“六千年加速”：正是因为之前的两千年农业快速发展，人口大量增加，社会分化进一步加剧，于是开始出现中心型的遗址。什么叫中心型遗址？就是规模比周围其他的遗址大很多，然后人口聚集，并且开始出现明显的社会分化。一些地区出现了制作较为精致的玉器，并开始出现从厚重的石斧演变而来的武器——石钺，说明战争开始出现。

“五千多年进入”：距今5500—5000年是中华文明史上一个非常重要的时期，长江中下游等地区相继进入文明阶段。我们可以看到在西辽河流域，也包括在黄河中下游、长江中下游，出现大型的都邑型的遗址、大型的墓葬。这些面积数百乃至上千平方米的大型高等级建筑、随葬上百甚至数百件精致物品的大墓，与一般社会成员的小型房子和小型墓葬相差悬殊，说明统治阶层掌握了大量社会财富，社会分化形成了金字塔式的结构。出土了表明等级身份的礼器，在很多区域可以看到以玉为贵，即只有尊贵的人才能随葬玉器的情况，而且玉器还与通神的

◎ 陕西榆林石峁遗址皇城台（新华社记者 李一博 / 摄）

功能有关。这个时期中华各地相继进入文明社会。

“四千三百年中原崛起”：这个时期很有意思，中华各地的文明进程出现转型，长江流域中下游的文化，包括良渚，衰落了，我们认为是因为环境的变化使农业遭受毁灭性打击，然后人口四散。在古史传说当中这个时期相当于尧舜时期，尧的时候洪水滔天，地震频繁，出现冷夏等现象，是一个自然气候变化特别剧烈的时期。恰恰在这个时期，中原崛起了。黄河中游的势力集团在与周围其他集团的力量对比中逐渐占据优势，山西陶寺和陕西石峁两座巨型都邑相继出现。

“四千年王朝建立”：距今 4000 年前后，夏王朝在中原地区建立，文明进程进入以中原王朝为引领的格局当中。经过约 200 年的发展，到了夏代后期，夏王朝的实力不断增强，中原的引领地位逐步形成，影响范围空前广阔。在内蒙古赤峰的敖汉旗有一个大甸子遗址，距今4000—3600年。其中，距今3700、3600年的一个墓地尤其值得一提。墓地当中分几个墓区，其中有一个墓区出土了陶制的酒礼器，什么叫酒礼器？酒礼器是装酒、温酒的，等级高的人才能随葬。这个酒礼器和中原地区的河南偃师二里头遗址出土的陶制的酒礼器一模一样，坦率地说把它拿出来放在中原，我们完全分辨不出来。而且很有意思的是，它只出现在大甸子诸多墓区里随葬品最丰富的墓区当中，说明这个墓区所埋葬的在这个社会当中最高等级的人，跟中原有密切的关系，这点在其他地区我们没有看到。当然，怎么解释它我们还在研究。随后的商王朝继承了夏王朝开创

◎三星堆金面具（新华社记者　王曦／摄）

◎商代青铜器四羊方尊（新华社发　中国国家博物馆供图）

的礼制，政治、经济、文化和社会进一步发展，形成了以甲骨文为代表的成熟的文字体系，冶金术和礼制对更为广阔的区域产生了影响。甲骨文的记载显示，商王是国家的最高统治者，商王之下有相对完善的行政机构，有以王畿为中心的直接控制区和间接控制的方国。商系统的青铜礼器在广阔的区域出土，表明商王朝在中华文明演进过程中发挥了更强的引领作用，促进了各地文化与社会的发展。

“三千年王权巩固”：西周初年，西周王朝通过封邦建国，册封自己的至亲和功臣到各地建立诸侯国，实现了商王朝所没有出现的对广阔区域的控制。三星堆大致是在这个时期终结了，它和殷墟相通，我们可以看到三星堆文化特色非常鲜明，同时跟夏商王朝保持着密切的关系。周王朝在继承夏商礼制的基础上完善了礼制体系，形成了以青铜器的种类和数量差别构成的器用礼制，以此来明确等级。这时冶金技术也传到了辽河流域，距今 4000 年左右开始辽河流域这一带也进入了青铜时代，这应该是中原王朝的青铜冶铸技术传播的结果。

“两千两百年统一多民族国家形成”：公元前 221 年，秦始皇统一中国，“海内为郡县，法令由一统”。中华文明进入大一统国家的文明阶段，开启了统一多民族国家形成发展的新阶段。

六、中华文明探源工程任重而道远

中华文明探源工程通过一系列都邑遗址和各地中心性遗址及区域调查，揭示了中华文明起源、形成与早期发展的过程和阶段性，实证了中华五千多年文明，揭示了各地区文明化进程，探讨了以中原王朝为中心的多元一体格局的形成过程。此外，还对中华文明演进的环境背景、兴衰原因、内在机制等取得了较为系统的认识，并提出通过考古遗存辨识文明形成标志的中国方案，丰富了世界文明史研究的理论与方法。

中华文明探源工程揭示，中华文明的统一性并非始自秦始皇统一中国，而是具有久远的史前时期和夏商周三代的历史渊源，经历了由涓涓细流到江河汇流、百川归海的过程。尽管岁月流转、王朝更迭，尽管南方北方、分分合合，但统一始终是大势所趋，人心所向。中华民族向心力、凝聚力始终存在，成为维护国家统一的内生动力，是统一多民族国家形成、巩固、发展的重要基因。

对于探源工程，党中央非常重视。2022 年 5 月 27 日，习近平总书记在主持十九届中央政治局第三十九次集体学习时指出："经过几代学者接续努力，中华文明探源工程等重大工程的研究成果，实证了我国百万年的人类史、一万年的文化史、五千多年的文明史。中华文明探源工程成绩显著，但仍然任重而道远，必须继续推进、不断深化"，"中华文明探源工程对中华文明的起源、形成、发展的历史脉络，对中华文明多元一体格局的形成和发展过程，对中华文明的特点及其形成原因等，都有了较为清晰的认识"，"中华文明探源工程提出文明定义和认定进入文明社会的中国方案，为世界文明起源研究作出了原创性贡献。"中华文明探源工程我们做了 20 多年，非常不容易，习近平总书记能够这样肯定，我们倍感振奋。习近平总书记也给考古工作者提出了要求，而对于探源工程来说，下一步的工作应该集中在以下几个方面。

一是拓展研究的时空范围。迄今为止，探源工程研究的年代是距今 5500—3500 年，建议拓展到距今 8000—2800 年。因为距今 8000 年是史前文化发展、史前社会开始出现分化的时期。下限从距今 3500 年延伸到距今 2800 年的西周晚期，是因为中华文明多元一体的格局和周代礼制的形成在那时才应该说到了基本完备的阶段。在空间上继续以黄河、长江流域为主，但建议东北、西北、东南、西南都扩展进来。因为商周时期，这些区域陆陆续续都融入以中原王朝为引领的大格局之中，到秦汉时期完成了统一多民族国家的形成。

二是大大加强人文社会科学的参与度。自然科学已经大力推动了探源工程进展，但人文社会科学的参与还不够。未来的研究任务包括文明的特质、文明的路向等等，绝不只是考古学和自然科学结合就能够解决的，所以人文社会科学的大力参与势在必行。

习近平总书记在十九届中央政治局第三十九次集体学习时的讲话

三是加强世界文明的比较研究。没有充分的比较，我们自己的文明特质很难准确全面地概括出来。

四是做好成果的转化和传播，让我们的成果为国际学界接受和认可。

2023 年 6 月 2 日，习近平总书记在文化传承发展座谈会上发表重要讲话指出："在五千多年中华文明深厚基础上开辟和发展中国特色社会主义，把马克思主义基本原理同中国具体实际、同中华优秀传统文化相结合是必由之路。这是我们在探索中国特色社会主义道路中得出的规律性认识"，"是我们取得成功的最大法宝"。中华文明是延续五千多年未曾中断的文明，我们研究文明的起源、形成与发展历程，就是要知道我们的文明是怎样一步一步走到现在，要去了解中华文明取得的辉煌成就和对人类文明作出的卓越贡献，增强历史自信和文化自信。让我们同心协力，共同推动中华文明的传承与发展，为中华民族现代文明建设提供精神动力，为中华民族现代文明建设作出贡献。

（供图单位：内蒙古自治区赤峰市委宣传部）

历史实证

良渚与中华文明五千年

刘　斌

浙江大学文化遗产研究院院长、艺术与考古博物馆馆长

考古学这门学科的重要性不言而喻。习近平总书记高度重视考古工作，2020年9月28日在主持十九届中央政治局第二十三次集体学习时指出：“百万年的人类起源史和上万年的人类史前文明史，主要依靠考古成果来建构。即使是有文字记载以后的文明史，也需要通过考古工作来参考、印证、丰富、完善。”这不仅是对考古工作的高度肯定，更是一声号角。

中国考古已走过百年。1921年，河南渑池仰韶村发现了仰韶遗址，让我们第一次走进夏王朝以前的世界，开始了中华民族百年寻根的历程。在考古不断深入的过程中，我们渐渐发现了中华文明历史的精彩片段，既为我们打开了历史的

杭州良渚古城遗址

大门，也增强了我们的文明认同。在约五千年前的远古岁月中，人类社会步入了国家文明的纷繁时代。尼罗河畔的古埃及、两河之间的苏美尔、印度河畔的哈拉帕，这些光辉灿烂的文明，皆与我们相距不过五千年。而今天我们所要介绍的良渚文化，正是我们中华五千年文明的代表和实证。

一、良渚文明溯源

提及世界文明五千年，人们自然会想起埃及文明，金字塔、法老、狮身人面像等形象早已深植于心。然而，当我们谈及中国文明五千年时，并没有那么清晰的印象。实际上据中国史书记载，夏代大禹治水和“三皇五帝”的传说都植根于4100多年前的遥远岁月。

中国文明五千年到底是怎样的，我们为什么会失去记忆？以下这些原因导致了我们对五千年前的中国文明模样产生了模糊的认知。

第一，中国文明五千年并未有文字记载的留存。中国最早的文字出现在甲骨文中，距今仅有3000多年的历史。第二，距今4000年左右，发生过一场规模巨大的洪水。良渚古城在距今4100年左右被淹没，此后的1000多年间，杭州盆地一度无人居住。第三，中国的建筑多以土木为主，与欧洲的石头建筑不同，难以长期保存。因此，我们现今所见的土台遗址公园，其上的建筑已无存。第四，我国史书的内容大多是以中原王朝为视角书写的，对周边长江流域的文明记录相对疏漏。

2019年7月6日，良渚成功申遗，成为世界遗产中的一个新的成员。良渚距今约5300—4300年，它与尼罗河流域的古埃及、两河流域的苏美尔、印度河流域的哈拉帕文明同处一个时代，都有约5000年的历史。这是古老文明的春

良渚对于中华五千年文明意味着什么？

© 浙江杭州良渚博物院

天，受到了国内外的瞩目。良渚不仅代表着中国长江下游的文明形态，也代表着东亚地区最早的国家文明。良渚申遗的一个重要意义就是，证明了中国的文明发展是和其他世界古文明同步前进的。

为何我们对五千年的历史如此感兴趣呢？让我们回顾一下人类历史的几个关键时刻，这将为我们解开这个谜题提供一些科学有趣的线索。

节点一：距今1万年前，人类社会从旧石器向新石器时代转变。

尽管人类在地球上已经生存了约600万年，但直到19世纪我们才真正开始了解我们自身以及我们所处星球的历史。距今1万年前，人类开始进入新石器时代，开始制作使用磨制石器和陶器，并逐渐发展出农业。而此前的599万年里，人类都处在使用打制石器的状态，被称为旧石器时代。从旧石器时代向新石器时

◎ 良渚博物院“文明圣地”展厅

代的跨越标志着人类社会的重大转变，标志着人类进入文化史的阶段。中国已经实证了长达 1 万年的文化史，如浙江的上山文化遗址，目前已经发现了 20 多个地点，经过测年距今约 1 万年。

节点二：距今 5000 年左右，人类社会开始迈入国家文明阶段。

文明起源研究是世界性的课题。我们常说中国作为一个古老的文明拥有 5000 多年的历史，但史书记载的夏代只有 4000 多年，殷墟考古的年代只有 3000 多年，我们怎样证明中国有 5000 年文明的历史？这就是良渚对我们的意义——良渚遗址是“实证中华五千年文明史的圣地”。

节点三：距今 2000 年左右，人类开始进入帝国时代。

在西方历史上，罗马时代是一个辉煌和壮丽的时期。罗马帝国的崛起让人惊叹不已，其政治、法律制度以及雄伟的建筑艺术都影响深远。与此同时，在东方，中国的秦汉时代同样充满活力和创造力。秦始皇统一六国，推动了一系列重大改革，为后世的发展奠定了基础。东西方这两个时期都是人类历史上的巅峰时刻，留下了丰富多彩的文化遗产，值得我们深入探索和了解。

中国4000多年前开始有国家，这是史书里记载的。然而，对于夏、商、周三个朝代的人们究竟使用了什么样的工具、过着怎样的生活，过去我们知之甚少。更不用说夏朝之前的时代，对于那段时期的了解更是一片空白。

中国古代文明的年代框架和文化面貌，是考古学家们用了百年时间逐步建立的，这是几代考古学家和历史学家共同努力的成果。顾颉刚、傅斯年、郭沫若、李济、夏鼐、苏秉琦、严文明、张忠培、李伯谦等考古学家和历史学家们对中国文明起源的研究给予了极大关注和贡献。今天，我们应该越来越清楚自己的时间坐标和文化坐标，清楚我们是谁，我们代表着什么样的文化。

在很多人看来，5000年似乎遥不可及。但若将其置于漫长的时间河流中，5000年并不遥远。假若我们将25年视为一代人的时间，那么5000年就相当于200代人的时间。仅200个人排成一队，我们就可以穿越至5000年前。而若我们考虑到人类知识可以每隔50年就传递一代人，那么只需100个人排成一队，我们就能够穿越到5000年前的远古时代。如此想来，5000年并不遥远。

这种时间跨度可以让我们更加认识到我们与古代人之间的联系和共通之处。尽管时间上有着巨大的距离，但人类的基本需求、社会组织以及文化发展却具有惊人的相似性。通过了解古代文明，我们可以更好地理解当今的文化、价值观和社会结构是如何形成的。

“中华文明起源与早期发展综合研究”，即“中华文明探源工程”，是继国家“九五”重点科技攻关项目“夏商周断代工程”之后，又一项由国家支持的多学科结合、研究中国历史与古代文化的重大科研项目。探寻中华文明的源头和形成过程，是中华文明探源工程的主要目的。

该项目首先经历了为期三年（2001—2003 年）的预研究，然后才作为国家“十五”时期重点科技攻关项目于 2004 年夏季正式启动。到了 2020 年，该项目进入了第五阶段的研究。良渚古城的发现和考古研究是探源工程其中一个最重要的成果。

1973 年以来，我们在长江下游地区的良渚文化遗址陆续发现了很多大型墓葬，这些墓葬出土了很多重要的文物，尤其是玉琮、玉璧这样具有中华民族属性的玉礼器。这在当时是很令人震惊的事情。

早期考古学家根据对西亚和埃及考古的研究，总结出了“文明三要素”，即文字、冶金术和城市。然而世界各地的文明都应该有自身的特点，我们所需探究的，是这“三要素”所隐含的社会结构与秩序。良渚所发现的高等级墓葬及玉制礼器，确证了在良渚时期已形成了一致的信仰体系，出现了明显

◎ 良渚古城遗址公园良渚国际研学中心（朱成琪 / 摄）

的社会阶层分化。然而，这尚不足以证明国家的存在。我们一直追寻着大型工程和城市的踪迹，因为这些也是一个国家应具备的因素。随着中华文明探源工程的实施，我们在良渚遗址的发掘中逐渐揭示了这些工程与城市的存在。

中华文明探源工程实施20多年来，围绕我国的5处都邑性遗址，即浙江良渚古城遗址、河南二里头遗址、山西陶寺遗址、陕西石峁遗址、湖北石家河遗址，以及40余处区域聚落群，开展了田野考古调查、重点区域的发掘和多学科研究，取得十分重要的成果。

二、良渚文明的特点与前期发现

国际学界将良渚文化冠以“良渚文明”。那么，良渚这个早期国家文明到底有何独特之处？以下应为其重要特点。

第一，良渚拥有发达的稻作农业和家畜饲养。我们常说江南“饭稻羹鱼”，在良渚，猪也是重要的肉食来源。这种农业与畜牧相结合的生产方式，说明良渚人已有丰富的食物来源，具备较为精密的农业体系。

第二，良渚拥有发达的陶器、石器和漆器制造业。陶器、石器和漆器等产品的制作需要合适的原料、烧制设备、打磨工具和制作技艺等，往往也需要通过贸易或交换获取。这不仅展示了他们与外界的联系和交流，也反映了他们在物质和文化层面上的文明程度。

第三，良渚文化遵循以玉器为标志的权力、信仰和礼仪等级制度。良渚人对玉料的运用十分熟练，但高等级的精美玉器只被特定社会阶层或地位较高的人士所拥有和使用，平民阶层只能用简单的玉饰。这意味着良渚社会存在着一种严格的等级制度。

第四，良渚的城市布局以山为郭、以中为尊，形成了宫殿区、内城和外城的三环结构。倘若站在良渚古城的宫殿上，可以看到城市三面环山，宫殿区到三面的山都是 3 公里，是非常中心的位置。这种“宫殿区、内城、外城”的三环结构是中国古代城市发展扩建的模式之一，在良渚时期即已奠定。

第五，良渚人堆筑大型高台土筑，并在高台土筑上建造宫殿或高等级墓葬。中国古代的宫殿都选择建造在高台之上，以体现统治者的高贵身份，这种做法应始于良渚。

第六，良渚人临水而居，水陆交通发达。良渚古城选址在水资源丰富的地区，周围水系形成城市的自然防御，同时也为城市提供了丰富的生活资源。良渚人展开水利工程建设，稳定提高农业生产效率。他们还利用发达的水系为地区内外的交通和贸易提供便利条件。这种合理利用水资源的做法不仅可以提供良好的生产条件，还能够提高人们的生活水平，增进社会福祉。同时，与外部世界的交流与联系有助于推动经济的发展，促进文化的交流与融合。

第七，良渚社会呈现为稳定安宁的血缘家族社会。家族是良渚社会组织的基本单位，使得仪式和传统得以延续，实现劳动和资源共享，同时也能较好地应对来自外部力量的威胁。

从考古发现来看，良渚古城的选址显示出明确的规划思想。位于杭州的 C 型盆地大约有 1000 平方公里，而良渚古城则位于该盆地的北部，毗邻群山。

从卫星图上，我们可以清晰地看到良渚古城的位置。它的宫殿区距离北面和南面的山脉都有 3 公里的距离，形成了一个中心位置。这个地方原本并非高地，而是人工堆积而成。那么，为什么要选择这样一个中心位置，并投入大量人力堆筑高台呢？

◎ 良渚古城遗址公园全景（朱成琪 / 摄）

据《吕氏春秋》记载，古代中国建国立都的设计理念是“择天地之中而立国，择国之中而立宫”。这一理念可以追溯到 5000 年前的良渚时期。良渚古城位于东苕溪流域中游和上游的交界处，而东苕溪则是太湖的主要水源之一。虽然良渚地处周围山区之中，给人以偏僻的印象，但实际上，古人乘船只需半天即可抵达太湖，与当时重要的城市相对接，使得这里既不遥远又不偏僻。太湖在这一时期可以被视为立体交通枢纽，连接了良渚与周边地区。今天的嘉兴、上海、苏州、无锡等地，都属于良渚文化的核心区，正是赖于发达的水运，良渚人得以与这些周邻城市紧密联系，逐渐形成古代交通、文化交流网。

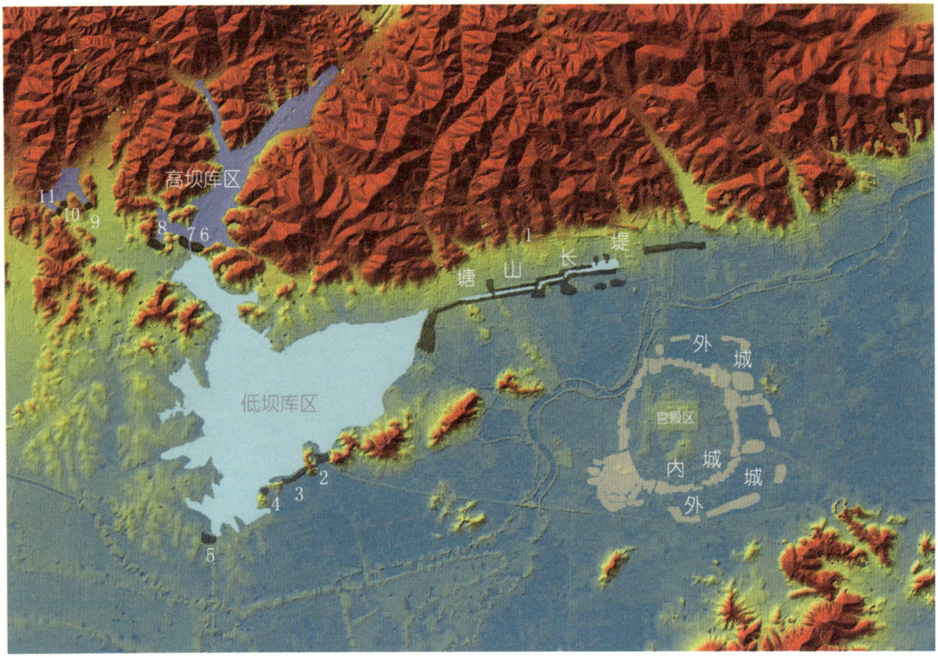

◎ 良渚古城地理位置图

良渚遗址前期的考古与保护，大致经历了以下几个阶段。

1936 年，施昕更先生展开了对家乡浙江余杭良渚镇一带的调查，意外地发现了十余处以黑陶为特征的新石器时代遗址。随后，他对良渚棋盘坟、横圩里、茅庵前等六处遗址进行了小规模发掘，这一发现成为良渚文化和浙江史前考古的开端。1959 年，夏鼐先生正式提出了“良渚文化”的命名。1961 年，良渚遗址被列为省级重点文物保护单位。尽管在接下来的几年中，朱村兜遗址、苏家村遗址等也被陆续发掘出来，但规模均较小。这一阶段对良渚遗址的认识并没有取得什么进展。直到 1979 年浙江省文物考古研究所正式成立，陆续建立各工作站，才开始了长期稳定的考古工作。

1986年是良渚文化发现50周年。那一年的重大发现让人们震惊不已。在反山遗址发现了良渚文化高等级墓地，出土了数以千计的精美玉器。次年又在瑶山遗址发现了相近级别的贵族墓地，并首次发现了良渚文化的祭坛。我们对良渚遗址重要性和良渚文化根本面貌的认识，日渐清晰。紧接着分别于1987年和1992—1993年展开了对莫角山遗址的发掘，找到了人工堆筑营建的大型宫殿基址。大家开始意识到，良渚文化的中心应该就在这里。当我们顺着这个思路，惊讶地发现莫角山与南北两座山的距离几乎相等。

这一发现引发了我们对以往保护区范围划定方式的重新思考。

在1996年国务院批准良渚遗址（群）为全国重点文物保护单位之际，我们决定将良渚遗址保护范围划定为东至良渚镇，西至瓶窑镇，北至天目山支脉的山边，南至莫角山南侧的良渚港。然而，这一决定主要受限于我们已知遗址的范围，而未从山川水势的自然地理单元角度来全面考虑问题。因此，在相关会议上，我们提出了重新设定保护范围南界的建议。这一新观点得到了咨询专家们的认可和支持，他们一致认同应以莫角山为中心，将保护范围向南扩展至大观山的山脚，从而形成以南北两山脉为界的自然地理单元。由此，良渚遗址保护区的范围也从原来的33.8平方公里扩展到了40多平方公里。

与此同时，自20世纪80年代末以来，良渚一带的考古工作几乎没有中断，浙江省文物考古研究所先后发掘了庙前、梅园里、卢村、姚家墩、塘山、葛家村等一系列遗址。1996—1998年间，再次组织对良渚遗址群进行拉网式的详细调查。在40多平方公里的范围内，发现了许多新的遗址，将原来的50多处遗址点增加到了100余处。到2002年，这一数字增加到了135处。

三、良渚古城的发现

前面多年的考古工作为后来我们发现良渚古城奠定了基础。

为了保护良渚遗迹，需要拆迁和安置一些农户。2006年，在浙江余杭瓶窑镇的葡萄畈附近为农民建造安置房时，工人们在葡萄畈村高地西侧意外地发现了一条宽度超过40米的沟渠，以及大量散落的碎陶片。经确认，这是一段良渚时期的古河道。在对河岸进行解剖时，我们有了更大的发现。这片河岸原来是人工堆筑而成的。在3米厚的堆筑层底部，铺满了石块，而上方3米多的黄色黏土却完全没有人为扰动的痕迹。

由于这一遗迹位于莫角山遗址西侧约200米的平行位置，因而极有可能是莫角山遗址的西城墙。

2007年我们向国家文物局申报以后，以葡萄畈为基点，向南北做延伸钻探调查和试掘，终于在2007年6月9日发现河池头村高地下的西墙的断线。9月28日，我们钻探确认了从苕溪大堤到雉山的800多米的北城墙。10月下旬，在金家弄村北面的农田里找到了东城墙。10月27日也顺利确认了南城墙，东起小斗门村西，西至东杨家村，与凤山东坡相连，全长约1600米。至此一个东西约1700米，南北约1900米，总面积约300万平方米的四面围合的良渚古城全貌终于浮出水面。

这个城的发现首先改变了考古人自己的认识。原先我们认为莫角山遗址的面积已经相当庞大，达到了30万平方米，但实际上古城的面积达到300万平方米，相当于原先的10倍之多。四面城墙的保存状态都较好，最高处达到了4米以上。发现结果远超预期，令人震惊又难以置信。

随后我们抓紧对四周环绕的城河进行深入解剖。结果显示，四面河道里所出物的年代也基本相近，都为良渚文化晚期，这也表明四面城河的存在时间几乎是同步的。我们推测到了晚期，部分居民移居到了城墙上，在城墙和城河中留下了

①	④
②	⑤
③	⑥

◎ 良渚古城各城墙发掘点情形

◎ 良渚古城遗址公园南城墙展示点（朱成琪 / 摄）

他们的生活用品。这或许表明这座城市在良渚某个时期就已经被逐渐废弃，直到晚期渐渐消亡。

通过解剖，我们还发现了良渚人筑城墙的独特性。与全国大多数城市都是通过挖掘城河来筑城墙的做法不同，良渚古城每面城墙的堆筑方法完全一致，都是先铺设石块，再利用山上的黄土进行堆筑，而非从附近挖土而来。由于地处沼泽地带，良渚人不得不舍近求远，从山上取土，工程的复杂性和困难度都大大增加，非常不易。

2007 年 11 月 29 日，浙江省文物局与杭州市政府正式举行新闻发布会。会议邀请了著名考古学家、北京大学教授严文明先生，他直言："良渚古城的发现，改变了良渚文化文明曙光初露的原有认识，标志着

◎ 良渚古城城墙城门与城内水系示意图

良渚文化已经进入了成熟的史前文明发展阶段。”这番言论引起了巨大轰动。新闻发布会之后，一个月内吸引了大量人群前来参观，不论是各级领导还是普通老百姓，都踏足其中，希望亲眼看看这一历史性发现。

继阶段性大发现后，我们开始对良渚古城内部进行全面勘探。城内河道纵横，人们临水而居。以莫角山宫殿区为城中心，它的三面都发现了河流，而且有码头可直接通往宫殿。周边共有 32 公里古河道，很多是人工河道，通过 8 个水门沟通城内外水系，仅南部发现 1 个陆门。宫殿区的核心部分拥有 30 多座房基，揭示了宫殿区的布局和规模。该区域东西长达 630 米，南北宽约 450 米，总面积达 30 万平方米。人工堆筑的基础部分高达 12 米，最高处达 16 米。这个庞大的工程显然需要国家层面的组织和动员，远非一个村庄可以完成。

◎ 良渚古城遗址公园水城门（朱成琪 / 摄）

莫角山宫殿区东侧的河床下，保存了许多未使用完的木材，这些木材原本用于修建宫殿，被泥土所埋藏，得以保存至今。其中，一根未经加工的木头长达17米，直径接近50厘米，而其他木头的长度也达 14 米。这些巨大的木材让我们得以想象当时宫殿建筑的高大规模。与现今遗址复原的房屋相比，实际的建筑显然更为庞大壮观。

现在这个地方已经没有了建筑，我们无法体会到面对如此巨大古城的震撼。还原一下：整个古城一圈长达 7 公里，总面积达 300 万平方米，规模相当于 4 个故宫的面积总和。即便是在故宫逛一整天也难免感到疲惫，更何况良渚古城。

良渚古城这座大城市的出现是国家产生的标志之一。我们必须对良渚古城区域内的主要部分进行全方面调查研

◎ 钟家港良渚河道内出土的大木头

究，才能证实其城市发展程度，深入探讨良渚社会的文明程度。因此，我们对城内的布局展开了详细的调查和发掘工作。

莫角山宫殿区的西边是王陵和贵族墓地区。迄今为止良渚文化最高等级的反山墓地就在西边，反山往南约 200 米处为姜家山贵族墓地，再稍南一些的位置，大约在桑树头附近，曾经发现过葬有玉器的贵族墓葬。

南边的池中寺遗址是一个面积约 1.2 万平方米的粮仓，在良渚早期失火烧掉了，这些稻米炭化后被土覆盖保存了下来。堆积厚度达 1 米左右，经过测算，被烧掉的粮食约有 20 万公斤。可见良渚古城已经具备了如此规模的粮食储备能力，这确保了良渚古城的城市发展。

莫角山东侧的一条南北向河道为我们提供了关于古城居民生活的重要线索，

◎ 良渚古城遗址公园大莫角山（朱成琪 / 摄）

揭示了他们的饮食、生活用品和工作方式等方面的信息。河道中发现了水稻、李子、桃子、甜瓜以及其他我们今天仍在食用的水果，为古城居民的饮食提供了实证。同时，发现了来自 40 多种动物的骨头，其中 80% 为猪骨，显示了当时养猪业的发达程度。这些猪大多是经过人工饲养的。此外，我们甚至还发现了老虎的存在，这展示了古城周边生态环境的多样性。

这条河早先大概有五六十米宽，而当时的河岸护岸工程采用了标准化的木桩，粗细和间距都十分一致，足以洞见当年工程的规模。河道中发现了大量玉的加工废料，这使我们推测，良渚古城的居民并非普通农民，应是工匠、商人和贵族统治者。河边居民从事的工种不同，有些人加工玉

5000 年前的良渚人爱吃什么？

器，有些人则专注于骨器和石器的制作，这种工种的分工正是城市化进程的标志之一。

以上对良渚古城内外范围的认识只是基础。为了改进工作方法，我们开始探索采用更多的手段。过去，我们的考古工作局限于挖掘单个地点，并以当地的名称来命名，如反山和瑶山等。然而，面对如此广阔的区域，从几平方公里到上百平方公里不等，我们需要将其整合到一个大型的地理信息系统中，并规划其布局。因此，自 2009 年起我们开始利用地理信息系统对良渚遗址进行研究。借助数字高程模型，我们首次发现了良渚文化晚期古城的外郭城。30 万平方米的宫殿区—300 万平方米的内城—600 多万平方米的外郭城，这些区域层层包围，加起来 6.3 平方公里，相当于 8 个故宫的大小。

2009 年，一场意外泄露的盗墓行动，牵出了良渚水利系统一系列秘密的发现。一个村民计划在岗公岭上建立竹编厂，但在挖坑作业时意外发现了公路边积累的青色淤泥，引起了一伙盗墓贼的兴趣。他们误以为这是战国墓的迹象，计划盗掘，但在寻找合作伙伴时泄露了消息，引起了当地居民的警觉，警方及时介入并抓获了犯罪嫌疑人。

我们知道后，抓紧赶到现场进行勘查，发现岗公岭的上部被推平，只留下了东南方向的一段高达 7 米多的断坎。黄土覆盖的外壳下，发现了大量的青淤泥，显示出这座“小山”是人工堆筑而成的。它实际上是一座水坝，东西向约 90 米长，南北约 80 米宽，体量巨大，与两旁的自然山体完全不同。最令人惊讶的发现是，雨水冲刷暴露出的断坎上出现了大片草茎。经仔细观察发现，这些草茎呈顺向分布，没有交错叠压的迹象，说明这不是编织的草袋，而是用来包裹淤泥的束状散草。这些草茎被送到北京大学进行碳 –14 测年，结果显示距今约 5000 年，揭示了岗公岭水坝的断代时间。

2010 年之后，良渚古城周边几条水坝先后被发现。到了 2015 年，我们选定了鲤鱼山和老虎岭这两个位置，分别代表低坝和高坝，通过碳 –14 测年等实证方法，以及地层和出土文物等资料，确认了这些水坝均属于良渚时期。这也是我国迄今发现的最早的大型水利系统。良渚水利系统的发现，将中国的水利史一举上推到了 5000 年以前，无论在年代上还是规模上，都堪称世界之最！

通过进一步的考古钻探，我们发现了良渚人修建的水库面积接近 14 平方公里，这是非常庞大的水利工程。水库中间有一条长达 5 公里的导流渠，使得水能够顺利流向良渚古城。良渚地区的上游是山区，木材资源丰富。在修建良渚古城时，人们利用水坝调节水位，形成了一条水路运输的通道，可以直接将建筑材料运送到城内。近些年，我们又在古城周边发现了更多水坝，良渚的水利系统远比我们之前想象的复杂。

良渚古城的外围水利系统是申遗的一个关键要素。我们通过对 11 条水坝进行碳 -14 测年，发现它们约在距今 5100—4700 年建造。这表明，良渚古城在大

◎ 老虎岭水坝遗址

约 5000 年前就已经建立了这些水坝。加上城墙和宫殿区，整个工程的土石方量达到了 1000 多万立方米。这个数字的庞大程度如何呢？让我们来对比一下——埃及最大的胡夫金字塔用了约 300 万立方米的土石。可以说，良渚古城是一项超级工程。通过如此规模的大型工程和城市布局，我们可以窥见当时良渚文明的高度。

良渚人设计的这座城市总规划面积为 100 平方公里。在成功申遗之后，我们对保护区范围进行了调整，最终实际保护面积为 99.8 平方公里。在杭州周边，确保如此庞大的保护区可谓一项非常不易的任务。

四、良渚文化的遗存与特点

良渚文化主要遗址分布于中国长江下游太湖流域，而其核心区域则位于长三角地区。除了位于杭州 C 形盆地的良渚古城，长三角地区也承载了良渚文化的重要遗存。

目前，我们已经发现了上千个良渚文化的遗址。仅在杭州盆地，就已经确认了 300 多处遗址。可以说当时这样一个国家，也是城邦林立或者说诸侯林立。

在良渚文化时期，农业和手工业都十分发达。农业以水稻种植为主，而手工业则涵盖了陶器、石器、玉器和漆木器等多个领域。此外，渔猎也是他们获取食物的重要途径，而猪和狗则是主要的家畜，经常被用于祭祀仪式。在信仰方面，良渚文化有着共同的神徽崇拜。

良渚时期，社会等级分化已相当显著。从现有的墓葬发现来看，起码可以分为四个等级。第一个等级是反山、瑶山这样的高等级墓葬，墓坑大而深，有一重或两重的棺椁葬具。随葬品除鼎、豆、罐、缸等基本陶器组合外，以玉礼器为主，主要有琮（cóng）、璧、钺、璜、冠状饰、三叉形器、锥形器等标志君权的物件。

江苏的寺墩遗址发现了目前良渚晚期最大的墓葬，光这个墓就出现了 33 件玉琮。

说到高等级墓葬，就不得不提到反山、瑶山遗址的发掘。

1986 年 5 月 8 日，反山遗址正式开展发掘工作，一直持续到当年的 10 月。这次发掘共发现了 11 座良渚文化的大型墓葬，出土了陶器、石器、玉器、象牙器等 1200 件（组）文物。这次发掘对于丰富我们对良渚文化玉器的认识起到了

◎ 良渚文化主要遗址分布图

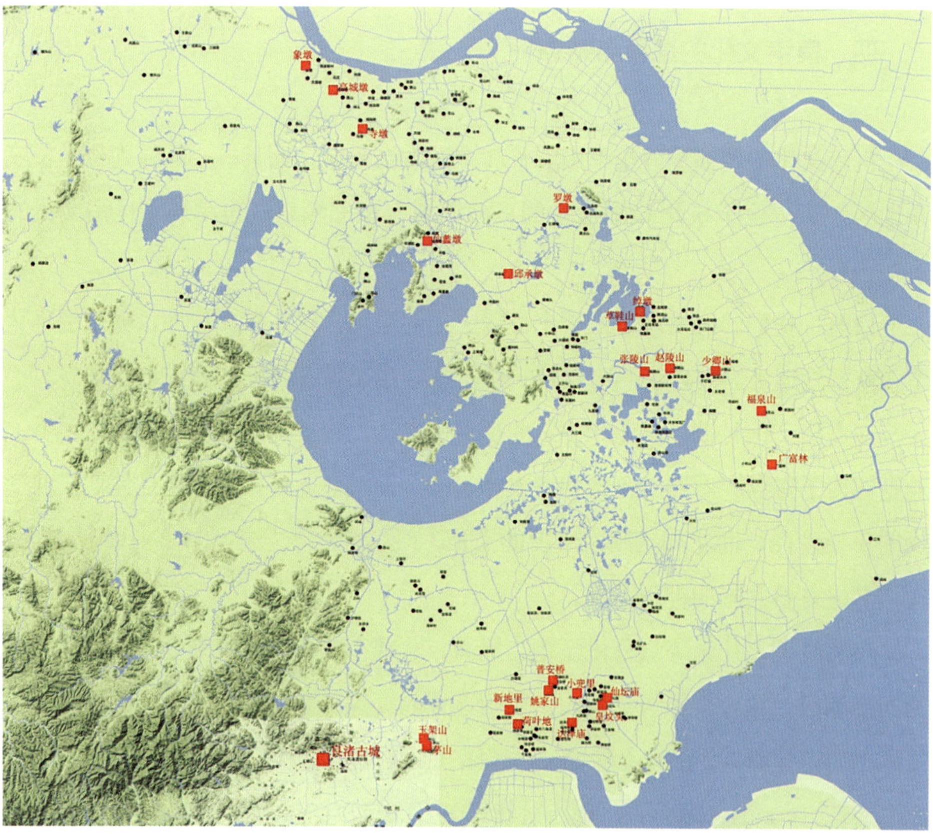

◎ 良渚古城遗址公园反山王陵（潘劲草 / 摄）

重要作用。除了以往所见的玉琮、玉璧、玉钺、玉璜、冠状饰、手镯和管珠之外，还出土了大量新型玉器，如成组的锥形器、玉三叉形器、玉带勾、玉鸟、玉龟、玉鱼等。在纹饰方面，除了兽面纹和鸟纹之外，还发现了一种刻琢于圆牌形玉器上的龙首形图案。针对主要玉器如三叉形器、冠状器等，我们找到了一些基本合理的解释依据。这次发现拓展了我们对良渚玉器的认识，从单一的认知扩展到了对组合件的认知。同时，对琮、璧、钺、三叉形器、冠状器、玉璜、锥形器等玉器，我们也开始从组合和礼器系统的角度进行探讨。从这次发现开始，关于良渚玉器的研究逐渐走向了成熟。

继反山发掘后，国内外出现了研究和收藏良渚文化玉器的热潮，良渚玉器的身价也随之大增，文物贩子们走乡串户地到处寻觅，并出高价鼓动农民去盗挖。

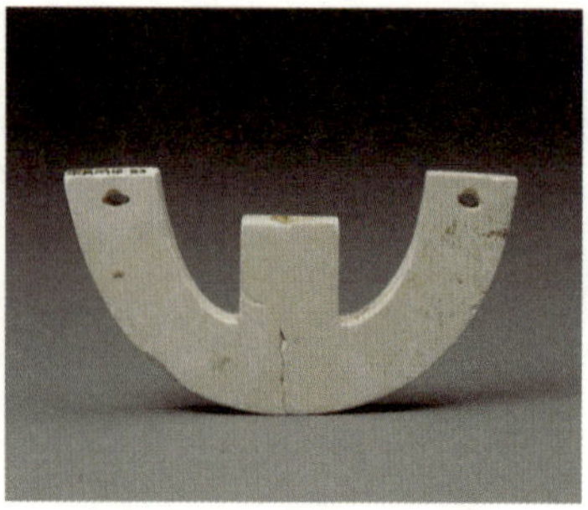

◎ 反山遗址出土的玉器

1987 年春天，距离反山约 5 公里的一个村子的一些农民，在文物贩子的鼓动下，做起了发财梦。因为以前曾经有人在瑶山上种树时挖到过玉器，于是有村民偷偷上山在树林中盗挖，第二天他挖到了几个带花纹的玉管。晚上给住在镇上旅馆里的贩子一看，那人眼睛都发绿了，出了上万元的高价。20 世纪 80 年代，1 万元可是大数字。风声很快传遍了村庄，五一劳动节的前两天，上百人跑去山上挖玉。出土玉管的地方，一下子挖出了几百件玉器，盗挖现场你争我夺，眼看着就要出大事。当地乡政府知道消息后，马上派出民警上山制止，并报告了余杭县与杭州市公安局以及文物部门。1987 年五一节这天，省市县公安局几十辆警车赶赴现场，追缴被盗挖的文物。由于处理及时，大部分被盗挖的玉器都追了回来，最后收缴玉器达 340 多件，仅玉琮就有六七件。

瑶山发掘时我们找到了这座被盗挖的墓坑，证明这些被盗挖的玉器都是出自同一座墓中，我们将这座墓编为 12 号。公安局对参与盗挖的人员进行了严厉打击，有十余人因此被判刑。盗挖事件发生后，浙江省文物考古研究所立刻组织人员进行了抢救性发掘，于 5 月 5 日开工，至 6 月 4 日结束。不仅发现了十几座高等级的良渚文化大墓，还发现了良渚的祭坛。另外，瑶山的墓葬中，竟没有一件玉璧随葬，这又给我们提出了一个新的问题：玉璧本是大墓中最为常见的随葬品，仅反山的 23 号墓就随葬了 54 件玉璧，瑶山无玉璧的现象背后到底是什么？考古就是这样，在新发现的喜悦中，又不断地带来新的困惑。我们就在持续出新的考古过程中，不断找到属于历史的答案。

上面说的是良渚最高等级的反山、瑶山墓葬，第二个等级是聚落里的少数贵族，在随葬玉礼器的同时，还常常随葬石犁、石锛、石镰、耘田器等生产工具。这表明这些墓主人在作为首领、巫师的同时，仍旧是氏族的一员，从事生产劳动。第三个等级是大众阶层。良渚社会是非常安定的社会，大部分都是普通老百姓，一般的墓葬里面会有生活用品，也有少数随葬的狗或者猪，说明当年老百姓已经在养狗养猪了。第四个等级则是一些没有任何随葬品的墓，可能从属于某一

◎ 良渚文化陶器

◎ 良渚文化刻符黑陶罐

墓主。这些墓葬数量少，虽然不构成明确的等级阶层，但他们的地位显然是更为低下的，可能是殉葬者，也有少数可能跟战俘有关。

在良渚的河道中还发现了一些头骨，这引发了我们的好奇。良渚人一向尊重埋葬习俗，因此这些头骨是如何掉入河中的呢？经过同位素检测，我们发现这些人有的来自北方，距离良渚遥远，而且他们的饮食习惯与当地人不同。通过现代考古技术，我们可以追溯到这些人的历史。很可能这些外来人客死异乡，而他们的头颅则被扔入了河中。

良渚的陶器很发达，有很多漂亮的陶器，以鼎、豆、双鼻壶、圈足罐、尊、簋（guǐ）、袋足鬶、大口缸等为主要组合。种类繁多、样式好看的陶器，标志着生活的复杂化——人们生活中吃的东西样式多，陶器的种类才会多。

良渚文化的陶器上刻画了大量的符号，这些符号看起来极其类似文字，组合、成组地出现。据统计，良渚文化中已发现了600多个不同的符号。在良渚博物院的收藏中，这些符号的重复性可能暗示着它们之间存在某种规律或者特定的含义。在浙江平湖发现的破损石钺上也出现了相似的符号，可能代表了一个狩猎的故事。这些符号可能是古代人类尝试记录信息的一种方式。尽管我们不能确定它们就是文字，是否构成了一种文字系统，但它们可能是表意符号，代表着特定的概念或意义。尤其在良渚文化陶器上发现的成组符号，它们可能是人们尝试交流和传递信息的一种方式。随着进一步的研究和发现，或许我们能够更清晰地理解这些符号的含义和用途。

漆器艺术是良渚文明发达的另一个重要标志。除了是玉器、水稻和陶器的发源地外，中国也是漆器的起源地之一。目前，在浙江发现的最早的漆器可以追溯到距今7000多年的河姆渡时期的漆碗。在良渚时期，漆器艺术达到了顶峰。尽管我们只能从有限的发掘资料中窥见良渚人绚丽多彩的漆器艺术，但这足以展示他们的技艺之高超。良渚的漆器以红黑相间的图案为主要特色，这种风格一直延续至汉代。除了髹（xiū）漆工艺外，良渚文化还十分擅长木胎漆器工艺。木胎漆器的装饰手法包括纯红色、在红色底子上画黑彩的图案，以及镶嵌玉片等。在良渚最为显赫的大墓——反山的墓葬中，我们甚至发现了镶嵌着玉片的漆器。尽管木头部分已经烂掉，但漆器上的颜色和镶嵌的玉片仍然展现出了当时贵族生活的高雅与讲究。

良渚是以稻作农业为主的社会，稻田十分发达。在良渚遗址中，我们发现了许多与稻作农业相关的石制工具，其中之一就是石镰刀。这些石镰刀制作得非常规范，与今天的工具相比几乎没有什么不同。此外，

◎ 良渚神像

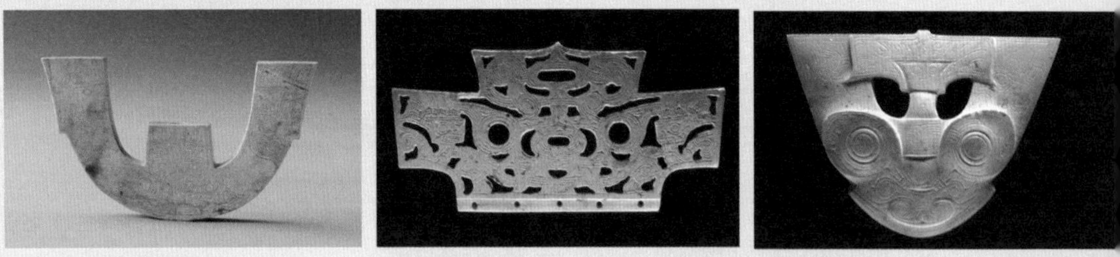

◎ 良渚文化玉器

我们还在良渚的许多遗址中发现了石犁的遗物。例如，在平湖庄桥坟遗址中发现的石犁，其下面有一个木头托，长度超过 50 厘米。

虽然我们目前还没有确凿的证据表明良渚人使用人力或牛力来耕种，但犁耕农业的出现给农业生产带来了重大的进步。2010 年，在距离良渚约 30 公里的临平发现了茅山遗址，这是第一次发现了良渚文化的稻田。这些稻田规模庞大，总面积超过 80 亩。稻田的田埂使用红土铺筑，每块田地宽 20 多米，长约 100 米。与此配套的犁也相继出现。这些稻田被距今约 4100 年的洪水淹没，这场洪水可能是杭州地区在这个时期经历的一场大洪水。正是由于这层洪水沉积物的保护，我们才有机会发现这些稻田的存在。

下面说说玉器。良渚文化最为重要的物质文化和精神文化的代表是玉器。玉器反映了良渚以神权为纽带的文明模式，主要用来祭神，同时也成为权力与身份的象征。我们首先要关注这个玉器表征的统一信仰价值。以前的部落社会各自信奉不同的神灵，像一盘散沙。但是到了良渚时期，他们突然就团结起来了，在整个长江下游地区，甚至是更大的地区开始信奉同样的神。从分散的信仰走向了统一信仰的转变，可从玉器系统中得以窥见。

很多玉器都是根据这个神像的需要来设计的，我们记住神像的样子就更容易理解一些玉器。比如说良渚的贵族常常会戴一种叫作冠状饰的玉器，就像一种神像的头冠，具有象征意义。每个首领、巫师都会在头上戴上这样的神像冠，这象征着他们能够与神沟通，显示出他们的权威与神灵的关联。这种设计非常有趣，有的冠状饰是镂空的，有的则没有雕刻纹饰，只是简单地模仿神像的头冠。

还有一种非常重要的礼器就是玉钺权杖，权杖代表着王权和君权。在良渚许多墓葬里都随葬非常多的石钺，它们是用来打仗的战斧。在良渚贵族墓葬里，反山、瑶山的贵族墓葬的男性都会随葬玉钺。这些玉钺不仅仅是武器和权杖，也是象征着王权的标志。通常，这些玉钺约有 70 厘米长，上端镶嵌着一个小船形状的装饰。早期有学者称之为“舰形饰”，因为它看起来像一艘小船的模型。实际上，这个装饰是象征神徽的羽冠。从垂直方向观察，这个小船形状就像是对折起来的神像帽子，将神像帽子镶嵌在象征王权的权杖上，显示王权是神授的。在中国历史上，《史记》记载周武王伐商时“左杖黄钺，右秉白旄”。商王伐夏时也是如此。王出场时通常左手拿着钺，右手持有另一种指挥杖，权杖是王权的象征。因此，在汉字的演变中，“王”字并不是象形文字，而是将权杖作为“王”的象征。这是汉字演变过程中非常有意思的一部分。

◎ 良渚玉钺及柄端饰

良渚文化中的玉琮是祭祀的主要法器。过去，我们看到的玉琮通常是外方内圆的形状，符合当时中国的宇宙观，即天圆地方。在古代文献中，有关于“以苍璧礼天，以黄琮礼地”的记载。那么，良渚的玉琮是否也是按照这个设计理念制作的呢？ 1986 年在反山发现了一件被称为玉琮王的玉器，终于揭开了这个谜团。这件玉琮王的四个面上各刻有上下两个神徽，与四个节的玉琮相对应。第一个节上刻有平行线，相当于神徽的帽子；第二个节则象征着兽面部分。这表明玉琮实际上是一个四面式的柱子，刻有神徽。

玉琮的设计并不简单，它的每一层都有其独特的设计用意。在早期，玉琮通常呈圆形，但人们渴望让神像更加栩栩如生，于是开始尝试让它更加立体化。他们想到了一个办法，就是通过增高神像的鼻子，使其呈现出一个钝角的方形，从而使神像看起来更加立

◎ 良渚出土的玉琮

◎ 反山遗址出土的玉琮王

体。因此，良渚人并不是将玉琮用于祭地，而是将其作为神像的载体，类似于一个神像的柱子。经过约 1000 年的发展，大约在距今 4300 年的时候，玉琮的设计逐渐简化，纹饰变得更加简约，形态也演化成了真正的外方内圆的样式。

五、良渚文化的延续

良渚是一个礼治的社会，人们的服饰和佩戴物彰显了其社会地位。在男性贵族中，最高等级者会佩戴三叉形器，而女性贵族则在胸前佩戴玉璜。在良渚的墓葬中，玉璜和玉璧是常见的物品。玉璜和玉璧作为贵族墓葬中的常见随葬品，承载了重要的象征意义，代表了良渚文化中的礼治精神。随着时间的推移，玉璜逐渐融入了周礼的体系，成为其重要组成部分，而玉璧在《礼记》中也得到了进一步的发展，并与天圆地方的观念等同起来。5000 年前的良渚人所体现的礼制社会影响着后世，留下了深远的文化遗产。

在良渚文化的最早期，差不多与红山文化同时期的阶段，我们发现了良渚最早的龙。与红山文化的猪龙不同，良渚文化的龙整体较小。这些相似造型的龙可能是两个同时期文化相互交流影响的结果。在距今 5000 年前后，良渚文化龙形象开始呈现出独特的特点。往后到了反山时期，这种龙形象变得非常规范化，常见于女性贵族的墓葬中，可能代表着家族的信仰，然而到了良渚文化的中期，这一现象逐渐消失。

5000 年前的良渚遗址里竟有小龙女的嫁妆?

良渚还发现有龙首纹玉镯。手镯非常有特点，通常较为宽阔。良渚人还喜欢佩戴多条管珠串成的项链，使得身上缠绕着多条项链，呈现出华丽的效果。在当时，服饰也是极为华丽的，皮带扣与现代相似，上面常常刻有神徽。

良渚人不仅制作日常生活所需的工具，还会设计一些礼仪性的劳动工具，或者参加特定的仪式时所需的工具。他们在日常生活中追求高品质，比如铁锹的把手就制作得十分精致，形状与现代的工兵锹相似，大小合适，非常实用。在反山的 23 号墓中，曾经发现过一套玉制的纺织工具，这些工具出土时大约间隔 70 厘米，由此我们可以推断出当时织布的宽度。

当年贵族的一些用具是非常高级的。调羹和工具的把手部分都雕成玉制的神徽帽子的样式，这可以看出贵族生活中使用的用品，与对神的祭祀、神像的表达是融合为一体的。许多地方的宣传片中，良渚都被称为“神王之国”。神与王有着密切的联系，这是人类早期文化的共性。那个时候，神就是王，王就是神。就像埃及的法老一样，古代良渚文化中的王也被视为神的化身。

良渚人 5000 年前发明玉琮，随后其影响力向四周扩散。山西襄汾的陶寺遗址、山东日照的五莲丹土遗址、陕西延安的芦山峁遗址都发现了玉琮，我们一看就知道是从良渚继承发展的。特别是在陕西榆林神木的石峁遗址，发现了良渚文化晚期的玉琮，其材质和加工工艺均与长江下游地区一致，而与当地出土的玉器有明显差异，表明它应该是从长江下游地区带来的。

良渚文化的影响往南至广东的石峡文化，往北传播至包括陕北、甘肃、青海、宁夏等西北地区，这些地方均出土了具有鲜明长江下游地区特征的玉器。很难想象，在当时，长江下游与距离如此遥远的地方，仍有密切的文化交流。由此可知，中华民族是多元文化发展融合而成的一个文化共同体。

同样，中国文化经历的是连续不断的发展过程，良渚文化和后来的文明是有关联的。不论是四川成都的三星堆遗址，还是同时期的河南殷墟妇好墓，都出土了良渚人的玉琮，证明其与良渚有着密切的联系。这些发现表明，良渚文化的影响在长江流域以外的地区得到了传承和延续。这就是文化的传承。

文化的演变就像朝代更迭一样，它会转化为新的形式，但其中许多元素仍然被继承和延续。我们可以清晰地观察到良渚文化与后来文明的联系，比如在成都金沙遗址出土的十节玉琮，它的材料和工艺都与良渚文化相符，都源自长江下游地区。它们传入成都的时间究竟是在 4000 多年前还是 3000 多年前，我们无法确定。成都的金沙遗址和三星堆遗址是同时期存在的城市，出现了大量仿制自良渚文化的物品。这些城市在一定程度上模仿了良渚文化的特征，其中包括仿制的玉琮。这些遗址中发现的良渚文化仿制品虽然来源于良渚文化，但其具体用途尚不完全清楚。随着时间的推移，这些仿制品也被用于三星堆遗址和金沙遗址先民的祭祀活动中。

良渚的玉璧一直传承到了明清，而玉琮传承到商周，再往后就“失联”了，所以一开始考古界有点不认识，到 1973 年才真正重新认识它。考古就跟破案一样，也像拍电影一样，我们需要考察它们的来龙去脉，让人们知道这样一个前后的过程。

很多人好奇，良渚文化为何在历史长河中“消失”了？事实上，良渚文化并未完全消亡，而是融入了更为广泛的中华文化之中，良渚文化的精髓在后续的历史进程中得以传承和延续。考古学上的文化阶段划分只是为了更好地理解历史进程，一个文化的消亡并不意味着相应的族群就此消失，而是文化的表现方式和传承方式发生了变化。就像我们家族的传承一样，尽管生活方式、物品使用等发生了变化，但家族的传承依然延续。因此，良渚文化的“消失”并非终结，而是其价值与精神在中国文化传统中得以永续传承。我们所叫的考古学的某某文化只是代表了一定的范围、一定的时间段、一个人群及一段历史。正如在良渚之后，长江下游地区广富林文化的出现表明了环境和政权的变迁。中华文化经历了连续不断的发展过程。中国历史和文化是不曾断灭过的，良渚文化不是“消失”了，而是经过几千年的发展演变，最终融入中华文化整体之中了。我们从良渚文化的研究中，看到了中华文明从多元走向一体的过程。

考古是一个寻找的过程，我们现在还在寻找，我们对于很多事还是不了解——我们这 5000 年，再往前，我们的中华文化、我们的文明……前面咱们讲了中国考古 100 年，100 年前我们根本不了解 4000 年前是什么样子。通过这 100 年的考古，我们逐渐了解了 1 万年来的文化史，以及再往前，我们中国的人类起源史可以推到 200 多万年前。这是一个发现和发展的过程。我们的文化是不曾消失的，中国人是融合了中华文化的一个共同体，我们的文化融入了每个人的血脉。通过考古可以非常清楚地看到中华文明

习近平总书记在十九届中央政治局第二十三次集体学习时的讲话

◎ 坐落于古都北京中轴线北端的中国考古博物馆（中新社记者　富田 / 摄）

从距今 1 万年以来，距今 8000 年以来，从多元逐渐到距今 4000 年走向一个共同体的过程。考古可以让我们很好地认识历史的发展过程、环境的发展过程，从中领悟古人的智慧，也从中更多地吸取一些经验和教训，使我们在当今和未来能够更好发展。中华文明历史悠久、中华文化博大精深，让我们共同关心历史，关注文化遗产！

（供图单位：浙江省文物考古研究所、杭州良渚遗址管理区管理委员会）

在二里头
追溯夏代信史

孙庆伟
西北大学党委副书记、校长，文化遗产学院教授

夏代是中国历史上的第一个王朝，奠定了中华文明多元一统的历史格局，开启了统一多民族国家的发展道路，在中华五千多年文明史上具有特殊重要的意义。近代以来，受极端疑古思潮和西方史学话语的影响，“无夏论”和“夏代历史不可知论”盛行，对社会大众的历史认知和历史自信造成巨大冲击。坚持正确史观，运用科学研究方法，融通考古材料和传世文献，正确阐释夏代历史和文化，是建设中国特色中国风格中国气派考古学的必然要求，也是新时代考古工作者的重大学术使命。

今天我们能够在洛阳讲夏文化，特别是在二里头夏都遗址博物馆开展宣讲活

文明社会的灿烂曙光——二里头文化

动，具有特殊重要的意义。看见这个博物馆的馆名，我有格外的感触。大家不要小看这几个字，这几个字来之不易，它既离不开60多年来几代考古工作者的辛勤发掘，也离不开千百年来一代代历史学家对于历史的记述。今天我们之所以能够自信地说二里头是夏都遗址，并且在此建设一个如此规模的宏大博物馆，关键就在于我们必须而且能够回答好这样四个问题，即：为什么说大禹是真实的历史人物？为什么说夏代是真实的历史王朝？为什么说二里头文化是夏文化？为什么说二里头遗址是夏都遗址？

上述四个问题是相互关联、层层递进的几个问题。按文献记载，大禹是夏王朝的开创者、奠基人，但疑古派学者认为大禹是神，而非真实的历史人物，如果这点属实，那么夏代的信史地位势必动摇，因此我们必须首先论证大

◎河南洛阳二里头夏都遗址博物馆（新华社记者　郝源 / 摄）

禹和夏王朝的真实性。在此基础上，需要从考古学上来鉴别哪些遗存是夏代的遗存。目前学术界的主流观点是二里头文化就是夏文化，这个结论是如何获得和论证的，这也是我们需要了解的。最后，才是论证二里头遗址是不是夏代的都邑。

一、大禹是真实的历史人物

“茫茫禹迹，画为九州”。在传世文献记载中，大禹是一个具有重大贡献的历史人物。但近代以来，对于大禹是否是真实的历史人物却出现了质疑。因此，我们首先要回答的问题是：大禹是不是一个真实的历史人物？我先告诉大家答案：一定是一个真实的历史人物。我们经常说，中国是一个五千年文明古国，但是大家可能还没有更充分地意识到我们同时也是人类历史上文献最丰富的，或者说历史底蕴积淀最深厚的史学大国。在几千年历史上，涌现出无数伟大的历史学家，其中司马迁是最具代表性的人物。为什么我先和大家谈司马迁？因为大家熟悉历史的话，就应该知道，实际上在先秦文献里对于大禹的记载是非常丰富的。其中，尤以《诗经》最为突出。《诗经》反复称颂大禹，就是因为“茫茫禹迹，画为九州”的伟绩早已深入人心，世代传颂。

到了西汉，司马迁依据《尚书》《世本》等先秦文献，结合“上会稽，探禹穴”的所见所闻，完成了《史记·夏本纪》，堪称第一部夏代断代史。《夏本纪》通篇不过4000字左右，记述了夏代400多年的历史，而其中四分之三的篇幅和禹相关，足见禹对于夏王朝乃至中国上古史的重大意义。《夏本纪》对禹的记载主要聚焦于三事：一是以禹为“黄帝之玄孙而帝颛顼之孙”，明其所出；二是叙述大禹治水成功，舜禅位于禹，明其所兴；三是禹任土作贡，画定九州，明其所治。

夏代历史 400 多年，《夏本纪》4000 字左右，平均一年 10 个字，可谓惜墨如金。司马迁是“古之良史”，他对材料的裁断、论述的详略是非常谨严的。如果某人、某事被司马迁写进了《史记》，那么表明此人、此事在历史上一定具有特殊的意义。司马迁在《夏本纪》一开篇就讲了什么呢？就讲了禹的来历，类似于我们现在的履历表：大禹的出身、何方人士、家庭成员，等等。司马迁要表达的最核心内容就是，大禹出于黄帝一系，乃黄帝后裔。这当然不是司马迁的发明，他是根据《世本 · 帝系》等先秦文献而转述的。在当时，司马迁能够读到不少早期的谱牒类著作，他综合了各种文献，最后写定了《夏本纪》。对比一下，我们就会发现《世本 · 帝系》和《夏本纪》这两种文献的记载，既有相同点，也

◎ 山西芮城大禹渡的大禹像（新华社记者　杨晨光 / 摄）

《史记·夏本纪》

夏禹，名曰文命。禹之父曰鲧，鲧之父曰帝颛顼，颛顼之父曰昌意，昌意之父曰黄帝。禹者，黄帝之玄孙而帝颛顼之孙也。

《世本·帝系》

黄帝生昌意，昌意生高阳，是为帝颛顼。颛顼生穷蝉，五世而生瞽叟，瞽叟生重华，是为帝舜。帝颛顼五世而生鲧，鲧生高密，是为禹。

◎《世本·帝系》和《史记·夏本纪》世系对比

有差异。《帝系》在世系的叙述上更详细，不但代系多，而且注明了具体的世系。司马迁是非常严谨的历史学家，好学深思，心知其意，对这些记载进行了取舍，保留了他认为最可靠，同时也是最重要的内容，那就是大禹出于黄帝、颛顼一系，也就是“黄帝之玄孙而帝颛顼之孙也”。

我们都知道，《史记》开篇是《五帝本纪》，而《五帝本纪》开首就是黄帝。司马迁将中国古史的起点追溯到黄帝，是包含有深意的。简单来讲，它体现了司马迁的历史观和文明观。有学者把它概括为以下几点：第一，明祖先；第二，明道德；第三，明人事；第四，明制度；第五，明一统。也就是说，三代天子、列国世家，都是黄帝子孙，这是司马迁非常重要的一个理念，也是秦汉大一统时代的必然需求。

20 世纪 20 年代疑古风潮兴起，尧舜禹首当其冲。特别是“古史辨”派代表人物顾颉刚就认为，“尧、舜的故事，一部分属于神话，一部分出于周末学者‘托古改制’的捏造”。尧、舜、禹是前后禅让的关系，他们是不可分的，如果尧舜是编造出来的人物，那禹的真实性也值得怀疑。而如果禹并非真实历史人物，那么“禹究竟与夏人是否有血统上之关系，又属疑问”，如果这样的话，夏代的历史自然就被解构了。顾先生花了非常大的功夫研究，认为“禹”这个字，在甲骨文里面是属“虫”的，又联系到禹铸九鼎的传说，所以他推测“禹或是九鼎上铸的一种动物”。当然，现在二里头遗址还没有见到这类纹饰，到了商代晚期的殷墟阶段就有这样的纹饰了。古人相信九鼎是夏代所铸，“禹铸九鼎”这个传说千百年来都有，所以古人把禹和夏联系在一起了。“追溯禹出于夏鼎，就以为禹是最古的人，应做夏的始祖了。”这是顾先生在疑古之初的基本判断，但是很快他就放弃了这个观点，他说：“这数年来，人家还只记得我在第一篇文字中所说的禹为虫，我屡次声明，这是我早已放弃了的假设；至于放弃的理由，乃为材料的不足，我们不该用了战国以下的记载来决定商、周以前的史实。”

大禹是虫还是历史人物?

这里特别需要强调的是，当疑古之风起来时，很多学者就对疑古派的一些观点进行了论争。当时学术界的主流基本上还是信古，疑古只是部分学者的观点。当时最著名的学者王国维，他的辈分很高，顾先生对王国维的学问特别推崇，王国维没有直接写文章和顾先生论争，但是他也注意到了这个现象。王国维在他的课堂、讲座里专门谈了这个问题，说《诗》里谈到禹的不可胜数，禹的真实性其实是疑无可疑的。既然“近人乃复疑之”，王国维只好重申证据，这次他不再举传世文献，而是用更具说服力的出土材料。他举了两件著名青铜器上的铭文来证明禹的可靠性，分别是春秋时期秦公簋“鼏（mì）宅禹责”和叔夷钟“处禹之堵”，由此断言：“春秋之世东西二大国无不信禹为古之帝王，且先汤而有天下也。”

秦公簋铭文中的“鼏宅禹责”现在一般写作“鼏宅禹迹”，这件器物是民国初年发现于秦人的发祥地甘肃礼县，上面的铭文写道：“丕显朕皇祖受天命，鼏宅禹责，十有二公”，即自秦公的祖先以来，自己的家族都是居住在禹迹的范围内。叔夷钟是一套编钟，是北宋出土的，上面的铭文中提到“咸有九州，处禹之堵”。叔夷的祖先是宋国人，后来到了齐国，所以他也把自己家族的历史追溯到成汤，并提到自己的家族“处禹之堵”，也就是居住在禹域的意思。

近年来和大禹相关的最重要材料是一件西周中期的青铜器豳（bīn）公盨（xǔ）。这件铜器铭文的核心内容就是从大禹治水切入，详细论证德治的重要性，可以说这是中国古代迄今最早的一篇关于德治的论述。这篇铭文非常有特点，它一上来就讲“天命禹敷土，随山浚川”，这句话跟我们现在能看到的《尚书·禹贡》的措辞是一样的，《禹贡》讲“禹敷土，随山刊木，奠高山大川”。司马迁当时一定是读过《禹贡》的，所以司马迁在《夏本纪》中写道：“命诸侯百姓兴人徒以傅土，行山表木，定高山大川。”关于大禹治水，虽然现在看到的豳公盨是西周中期的，但我们要相信这一定是千百年来口耳相传，而且是固定文本这么传下来的，所以才会出现早期文献和司马迁的《夏本纪》从措辞、用句，包括到内容的连续性和完整性。

很多人一直有疑问，不敢相信4000多年前的大禹能够治水，并且关于大禹治水有这么多详细的记载。也有人不理解，夏代那么多王，中国古代那么多上古圣王，为什么偏偏就大禹有这么多记载，为什么大禹的传说这么丰富，而这些记载和传说又存在不少矛盾？这里我试着做点解释。

首先，这是我们中国古代崇德祀圣文化的必然结果。《国语·鲁语》有一段话，详细讲述了上古时期的制祀原则，核心要义就是“法施于民则祀之，以死勤事则祀之，以劳定国则祀之，能御大灾则祀之，能捍大患则祀之”。用现在的话讲，对我们的民族、国家和历史作出不可磨灭贡献的英雄人物将永远载入史册，也应当世代享祀，这就是中国古代崇德祀圣文化的基本原则。大家很容易理解洪水对上古民族的危害性，所以上古时期能够平定水患的领袖人物就一定会被载入史册，得到永远的祭祀。

其次，大家要了解，关于上古圣王事迹的记载和流传有一个演变过程。最早

◎ 秦公簋铭文

◎ 春秋时期秦公簋

◎ 豳公盨铭文

◎ 西周青铜器豳公盨

的事迹都是通过口耳相传的方式流传的，从口耳相传到最后著于竹帛、载入史册写定，有一个转换过程。在这个过程中，在没有“书同文”的时候不可避免地会有细微差别的出现，这是非常正常的现象。

再次，我国幅员辽阔、文化传统多元，而且普遍都有崇尚英雄的传统。在这个过程中很容易把一些历史英雄人物附会嫁接到本地。最典型的就是大禹究竟是何方人士，最可能当然是河南禹州一带，但文献中“禹生石纽”的传说也很流行，石纽在川西了，距离河南很遥远。为什么会发生这种事？这其实与夏文化的扩张和影响密切相关，夏文化向外辐射的力度很大，在夏时期二里头文化已经传到了四川盆地，当二里头文化传到四川时，大禹功绩对当地文化传统产生了影响，并滋生出“禹生石纽”的传说。后人从本地实际出发，附会禹的事迹，神化禹的传说，这在各国早期历史中也是非常普遍的。凡此种种，都是历史生成过程中的正常现象，不足以改变禹为真实历史人物这一基本历史素地。

二、夏代是真实的历史王朝

夏代的信史地位，原本是毋庸置疑的。顾颉刚虽然怀疑禹可能本是天神，春秋以后才人格化，但他始终相信“夏的存在是无可疑的”，并呼吁考古学者到相关遗址开展发掘，以“检出真实的证据”。先秦文献中关于夏代的记载十分丰富。有学者统计，《左传》中引《夏书》《夏训》共 15 条，记夏代史事 18 则；《国语》引《夏书》《夏令》4 条，记夏代史事 16 则。除此之外，《尚书》中的《禹贡》和《甘誓》，都是记载夏代历史的专篇。如此丰富的史料，如果简单归结为后人“‘托古改制’的捏造”，未免过于草率，是完全没有说服力的。

得益于这些丰富的有关夏代的史料，司马迁完成了《夏本纪》。《夏本纪》是我们现在了解夏代历史最重要的一篇文献，因为夏代历史在司马迁之前都是零散记载，从来没有完整记载夏代的文献。这些先秦文献，为司马迁创作《夏本纪》提供了丰富的史料，也为夏代的历史信度奠定了坚实的基础。夏代的信史地位，至少表现在以下几个方面。

一是连续完整的夏后世系。现在能看到的有史可征的完整的夏后世系，一个是古本《竹书纪年》，这是战国时期的史书，后来在西晋时期发掘出来了。另外就是《夏本纪》，《夏本纪》取材于当时所见的谱牒旧闻，详细罗列了十四世十七位夏后。我们对比一下，这两者几乎是一样的。两者的最大区别在于《竹书纪年》保留了部分夏后的纪年，而《夏本纪》则完全没有涉及，这体现了司马迁“疑则传疑”的著史风格。

二是脉络清晰的兴衰历程。虽然《夏本纪》篇幅有限，但通过若干重大历史事件勾勒出夏代400多年的兴衰变迁——舜禹禅让、启益之争标志夏代之立，太康失国、少康中兴代表夏代之兴，孔甲乱夏和夏桀暴虐揭示夏代之亡。司马迁在《夏本纪》里除了大禹治水以外，还写了六件事情，这六件事情我概括为三大阶段：王朝的建立、王朝的稳定和王朝的衰落。王朝的建立是以舜和禹的禅让，以及启和益之间的争斗为标志的。王朝确立之后很不稳定，到少康中兴，进入稳定期。一直持续到夏代倒数第四世，孔甲乱夏，王朝进入衰落期，最后夏桀亡国。这400多年的历史，特别是中间若干代的王，司马迁除了记载他们的名称，对于具体历史事件完全没有涉及。司马迁为什么如此吝惜他的笔墨？这就需要了解司马迁的著史原则，也就是他反复强调的“原始察终，见盛观衰”。具体到夏代，夏王朝历时400余年，它兴衰的核心是什么，这是司马迁要探寻的关键。在司马迁看来，夏代的兴衰，关键就是一个“德”字。禹有大德，有德而立，夏王朝建立。太康无德失国，其后少康赓续祖业，有少康中兴的局面，这是修德而兴。到了夏代后期，孔甲乱夏，武伤百姓，至夏桀而变本加厉，最终无德而亡。司马迁每举一个历史关

夏后世系对比表

世系	古本《竹书纪年》	《史记·夏本纪》
1	禹	禹
2	启	启
3	太康	太康
4	仲康	中（zhòng）康（太康弟）
5	相	相
6	少康	少康
7	杼（zhù）（帝宁）	予（zhù）
8	芬	槐
9	荒（芒）	芒
10	泄	泄
11	不降	不降
12	扃（jiōng）（不降弟）	扃（不降弟）
13	廑（jǐn）	廑（qín）（扃子）
14	胤（yìn）甲	孔甲（不降子）
15	昊（hào）	皋（gāo）
16	发	发
17	桀（jié）	桀

节点都是夏代德政的转折点，贯穿始终的就是德治。《夏本纪》蕴含的德的观念和西周豳公盨德论是一脉相承的。

和德政观念密切相关的是禅让制度。现在大家对于夏代历史，最感疑惑的无非两件事，一件是大禹治水，另外一件就是禅让。尤其对于后者，总觉得这是后来人的想象和美化，这其实也是极大的误解。关于禅让的研究非常多，这里只举著名历史学家张政烺先生的解读。他说尧舜禹时期就是一个部落联盟的时期，他们的最高首领、军事盟主就相当于联合的军务总指挥官，这个指挥官是由大家推举出来的，一般是推两个，一正一副，这两人是同时存在的。根据《尚书》的记载，尧时曾举舜为副，共同执政31年。尧死舜继位，又举禹为副，共同执政17年。舜死禹继位，又举皋陶为副，皋陶不久便死了，又举益为副，共同执政10年。禹死后禹的儿子启继位，益并未得立，这一制度才归于破坏。因此，禅让制度的核心就是尚贤，而贤的标准就是德，所以德是中国古代最为核心的一个观念。

你知道禅让制是怎么操作的吗?

三是有迹可循的都邑变迁。夏代曾经屡次迁都，造成夏代政治中心多变，文献提到的夏代都邑就有阳翟、阳城、平阳、斟鄩、帝丘、夏邑、原、老丘、西河等多处。从分布来看，夏族当兴起于豫西，主要活动区域在今河南境内的黄河沿线地区，鼎盛期的势力范围则涵盖晋南和山东部分地区。在这些都邑中，阳翟地位最为尊崇特殊，既是禹的始封之地，多位夏后也先后建都于此。

四是有史可征的族氏部族。《左传》称“禹会诸侯于涂山，执玉帛者万国”，可见当时部族众多。虽然见载于先秦文献和《夏本纪》的部族远不足“万国”之数，但无论是同姓还是异姓族氏，都有史迹可寻和史料支撑，这些部族之间的联姻、结盟与纷争，描绘出生动的夏代社会生活图景。

通过上面的证据，按理说夏代的信史地位应该无可置疑了，但为什么还有种种疑惑呢？我想无外乎这样几点：一是误解。比如著名的论断“大禹是条虫”，其实顾颉刚先生并没有这么说，大家以为顾先生真说了这句话，说大禹是条虫，由此夏代就不存在，这其实是极大的误解。二是夸大。古史辨派，最早开始是疑古书，是对古书内容的真实性有怀疑，慢慢发展到疑古史，到了一些极端的疑古学派，特别是一些对古史有兴趣但没有研究的人那里，就变成了古史不可信了。因为他觉得古书里面有这么多瑕疵、这么多矛盾的地方，那中国古代历史都不可信。这实际上是因为，对于古书的流传、古书的写定这个过程没有充分的了解。大家一定要理解，我们成长于一个史学大国，文本错综复杂是一个很自然的现象。文献是我们的财富而不是我们的累赘，我们需要善待自己的文献，用一双慧眼去鉴别出“百家不雅驯之言”所表现出的“一面之事实”，而不是“把小孩同脏水一起倒掉”，把所有的文献弃之于不顾，我不认为这是研究古史所应有的态度。三是极端。现在有一种论调，就是坚持认为只要一天你没有发现夏代的文字，夏王朝作为真实王朝的存在便不能得到证明，这就是19世纪实证史学走向极端的表现。所以早在20世纪90年代，著名历史学家李学勤先生就一直呼吁要走出疑古时代。李先生认为，疑古思潮在当时是一种进步思潮，起了非常重要的进步作用；但是我们今天不能以疑古为限，只有怀疑、没有建设是不行的，更重要的是去论证，把文献研究和考古研究结合起来，开拓出古代历史、文化研究的新局面，对整个中国古代文明作出“重新估价”。

三、二里头文化是夏文化

讲到二里头遗址，就要讲到徐旭生先生。徐先生是中国考古学的先驱，早年留学法国，20世纪20年代末担任中瑞西北考察团的中方团长，与瑞典学者斯文·赫定共同主持这项重要的考察工作。他和顾颉刚先生曾经共事，对顾先生的治学精神很是敬佩，但对古史辨学者疑古过勇的观点并不认同。抗战期间，徐先生潜心治学，完成了《中国古史的传说时代》这部名著，系统地对古史辨派学者和观点进行了回应。

1959年，时任中国科学院考古研究所研究员的徐旭生先生不顾年老体迈，带领助手亲赴洛阳地区开展夏墟的调查。徐先生说，商代以前有一个夏代，这是基本历史常识，但因为一部分疑古学派对于夏禹个人人格问题产生疑问，所以连

◎ 二里头国家考古遗址公园（周鼎凯 / 摄）

带对夏代的存在也产生怀疑。在考古研究方面，夏代还是一个空白点，这岂是应该有的现象？所以他要开展夏墟调查。他调查的方法是什么？这是徐先生一个非常重大的贡献，就是先系统梳理文献记载夏人活动的空间，然后到这些地区开展考古调查，再通过比对不同地域的文化面貌而最终比对出夏文化。这是真正科学的考古学方法，而不是像现在有些人所说的那样，一定要挖到夏代的文字才算数，才是科学可信的证据，这其实是对考古学研究方法不了解。

徐旭生先生翻阅了所有的先秦文献，得到若干可用的线索，确定了豫西和晋南两个重点区域，计划到这两个地区开展田野调查。他先是到了豫西，调查了若干遗址，其中就包括二里头遗址。虽然他在二里头待的时间很短，但是他得出了一个很重要的结论：这个遗址很不一般，规模很大，内涵很丰富，很有可能就是商汤的都城。这个判断差不多在此后 20 多年的时间内，一直左右着中国考古学界对于夏商文化的认识。徐先生为什么会得出这个结论？简单来讲，就是因为在 1959 年的时候学术界对于商文化，特别是早商文化的认识还不清楚，大家还不知道什么是早商文化，而无法识别早商文化，也就一定辨析不出夏文化；因为夏文化和商文化，特别和早商文化是紧密相连的。

真正完成这项工作的是北京大学的邹衡教授。邹先生继承了徐先生的学术思想，完全是沿着徐先生设计的研究理路把徐先生的工作完成了。邹先生花了 20 多年的时间，完成了对夏文化的系统论述。代表性的论文有三篇，后来都收在他的《夏商周考古学论文集》里了。因为文章很长，我只给大家简单概述他的研究逻辑。

首先是确定夏人的主要活动空间，这点徐旭生先生已经充分论证了，也就是豫西和晋南。邹衡先生之所以能取得突破，最关键在于，他第一次在学术界、考古界建立了完整的商文化年代序列。这个序列包括殷墟的晚商文化、郑州的二里岗早商文化和豫北地区的先商文化，这个系统是他一个人建立的，可以说是以一己之力完成的。

为什么我们说夏代是真实的历史王朝？

夏文化不是没有发现，而是没有能够

用考古学的方法辨析出来，那为什么不是其他学者而是邹衡先生辨析出夏文化，就是因为没有可供比较的商文化的年代序列。当邹先生把商文化年代序列搞清楚了以后，夏文化就自然而然地显现出来了。

那么邹衡先生的秘诀何在？其实就是通过考古发掘出来的那些最普通、最常见的陶器。现在大家都知道，二里头文化最典型的标志性器物是深腹罐，而郑州二里岗文化最典型的标志性器物是加砂鬲（lì），它们都是最普通的炊器，但形制上差别很大，深腹罐是圜底的，而加砂鬲是三足的，两者的差别一目了然。邹衡先生发现，以深腹罐为标志的二里头文化主要分布在豫西，而以加砂鬲为代表的二里岗文化来源于豫北、豫东，并逐步进入郑州地区，最后进入豫西。在夏商年代范围内，加砂鬲逐步替代了深腹罐，两者此消彼长，这实际上就是夏商王朝更迭之后商文化对夏文化的逐步替代过程。真理就像一层窗户纸一样，一捅就破，虽然捅破这层窗户纸的是邹衡先生一个人，但背后却是两代考古学者数十年共同努力的结果，是学术接力的结果。如果没有徐旭生先生的开拓，没有河南地区考古工作者持续的发掘，就不会有邹先生最后的突破。

邹衡先生的探究还不止于此，他不但比较了安阳、郑州和洛阳地区新石器时代晚期和夏商时期的考古学文化面貌，还把夏时期整个中国北方地区的，山东、山西的，甚至包括河北、湖北部分地区这个时期的考古学文化都作了比较。通过这样大范围的系统梳理，最后他很放心地得出了结论：二里头文化一至四期就是夏文化。这个观点的正式提出是 1977 年，在河南登封王城岗召开的告成遗址发掘现场会上，当时可谓是石破天惊，在学术界引起剧烈反响，赞同者有之，反对者更有之。但经过几十年的持续研究，现在这个观点已经成为学界共识。探索夏文化，是从洛阳开始，最后一锤定音也是在洛阳，在洛阳讨论夏文化，宣讲夏文化，无疑是最恰当、最适合的地方。

告成会议的另一个重要贡献是在学术界明确了夏文化的定义。大家都在探索夏文化，那么，在考古学上如何定义夏文化就十分关键了。夏鼐先生提出，夏文化就是夏王朝时期夏民族的文化。但实际情况要更加复杂，以二里头遗址为例，作为夏代的都邑遗址，当时的居民成分是很复杂的，虽然是以夏族为主，但也还有东方的东夷以及来自南方、北方和西部的其他族人，不同族群共同生活在夏代都邑，不可避免地对当时文化面貌形成影响。所以，诸如二里头遗址这样的文化，更应该视为一种都邑文化，而不是单一的夏族的文化，这是我们在研究夏文化时要十分注意的。至少我们不要绝对地说，深腹罐只能

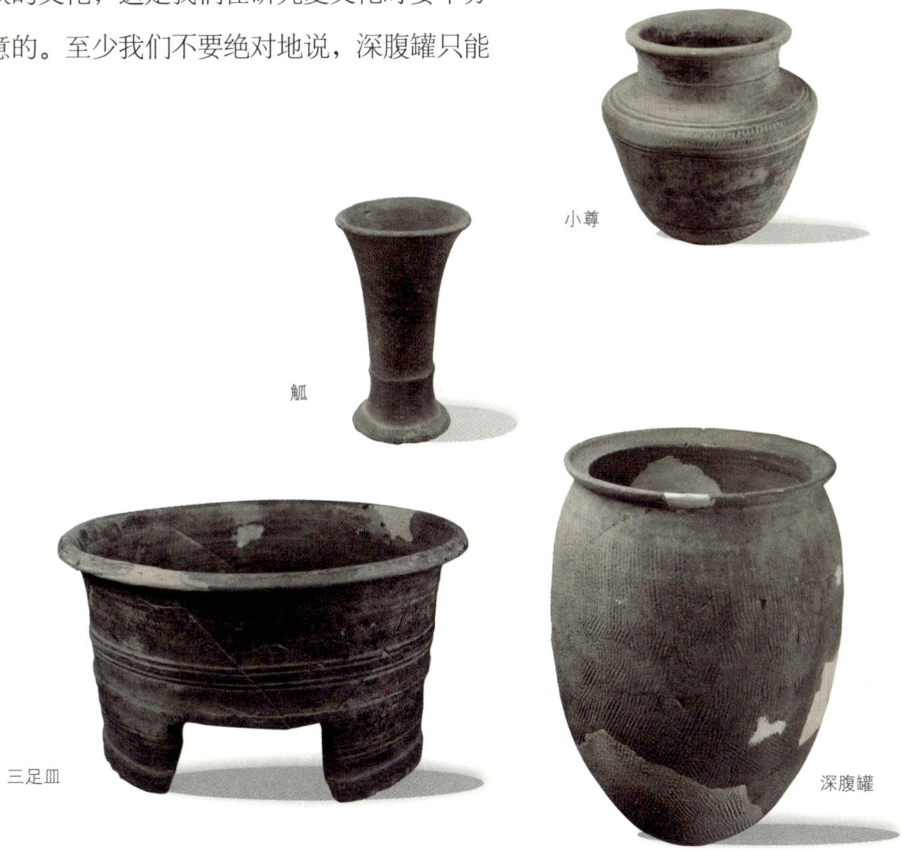

◎ 二里头遗址出土的陶器

是大禹的夏族才能使用，其他族人就不能用，其实大可不必，甚至不排除商人也用，不要那么机械地去对应。在研究过程中，我曾经提出过狭义夏文化和广义夏文化两个概念。所谓狭义的夏文化，就是以夏后氏为主体创造的文化；而广义的夏文化，是指建立在部族联盟基础上的夏王朝文化。

夏文化是一种考古学文化，文化的形成发展自有其规律，文化的兴衰过程不一定同夏王朝的建立和灭亡完全一致。二里头文化一至四期，恰恰就是夏代的400多年吗？这也不一定。换句话说，二里头文化是不是就代表了完整的夏王

◎ 1978年河南登封王城岗遗址发掘现场

朝？根据碳 –14 测年，二里头文化一至四期延续时间是 200 多年，这和夏王朝年代跨度 400 年以上相比就有相当的缺环了。测年数据表明，二里头文化只是夏代中晚期的文化，早期夏文化另有出处。

幸运的是，早在 20 世纪 70 年代，河南的考古工作者就已经做了很好的开拓性的工作，这就是登封王城岗遗址。根据文献记载，禹都阳城就在这一带。按此线索，河南省文物研究所的安金槐先生在登封王城岗进行了发掘，结果在这里还真发现了一处龙山时代晚期的城址，虽然面积很小，才 1 万多平方米，但遗址附近发现了战国时期带“阳城仓器”戳记的陶器，说明战国时代的人认为王城岗一带就是大禹的都邑阳城。2000 年以后，在王城岗遗址又发现了面积超过 30 万平方米的大城，禹都阳城说又增强了证据。我个人的意见是，战国时期的说法虽然晚，但应该是有来历的，不会凭空认为这里是阳城，王城岗遗址的发掘工作还很有限，未来不排除发现更重要的遗存，很可能会进一步巩固禹都阳城说。更重要的是，通过王城岗遗址的发掘，现在学术界普遍相信，以王城岗遗址为代表的河南龙山文化的晚期是早期的夏文化，也就是说，王城岗 + 二里头构成了一个完整的夏文化。所以夏代的历史基本上在河南洛阳地区就得以构建起来了，这是一个非常了不起的成就，也是考古学的巨大贡献。

四、二里头遗址是夏代都邑

二里头遗址位于河南偃师，地处洛阳盆地的东部，伊河和洛河两河相夹的狭小三角地带东端。这一带北有邙山，南面是伊阙，西部的周山与豫西的丘陵地相连，东部岗峦起伏连接着嵩山，四周环山，中部是狭长形盆地，境内有伊、洛、瀍（chán）、涧四河，沟渠纵横，适于农业耕作。遗址西距洛阳汉魏故城约 5 公里、隋唐东都城约 17 公里、洛阳东周城约 24 公里，东距偃师商城约 6 公里。

现存遗址范围北至洛河滩，东缘大致在圪垱头村东一线，南到四角楼村南，西抵北许村。遗址略呈西北—东南向，东西最长约2400米，南北最宽约1900米，现存面积约 300 万平方米，其中约 100 万平方米被二里头等村子的现代建筑所占压。此外，现洛河北岸的古城村一带也曾发现二里头文化时期的遗物，但这一区域是否属于同一遗址范围尚不明确。

据当地村民回忆，1949 年之前在遗址东部圪垱头老村以北一带，曾经多次出土玉器和铜器。1959 年 5 月，徐旭生先生在豫西地区开展“夏墟”调查工作，与中国科学院考古研究所洛阳发掘队方西生等人一起踏查了二里头遗址，并根据遗址规模和包含物特征推测它“为商汤都城的可能性很不小”。

自 1959 年首次试掘以来，二里头遗址的考古工作持续不断，先后进行了 60 余次发掘，累计揭露面积达 4 万余平方米。随着材料的不断丰富和研究的不断深入，越来越多的学者相信二里头遗址是夏代都邑，有人甚至指认这里就是夏都斟

◎ 二里头遗址地理位置

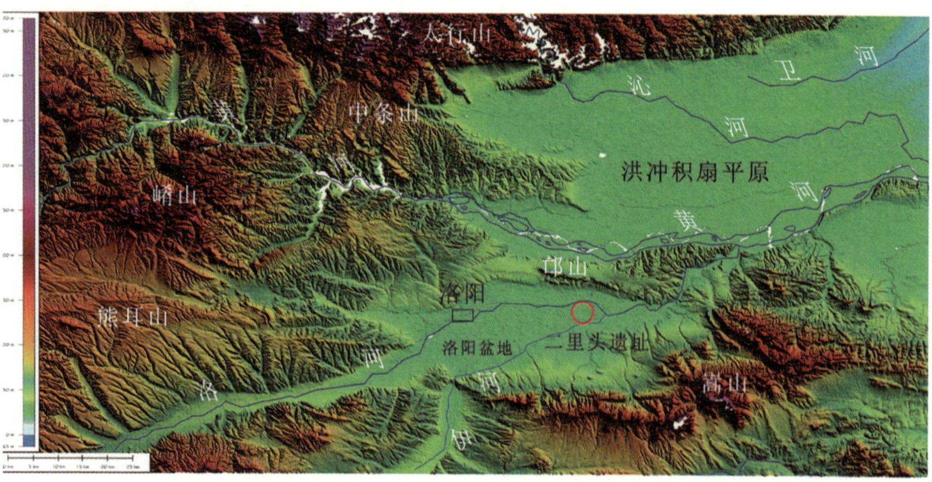

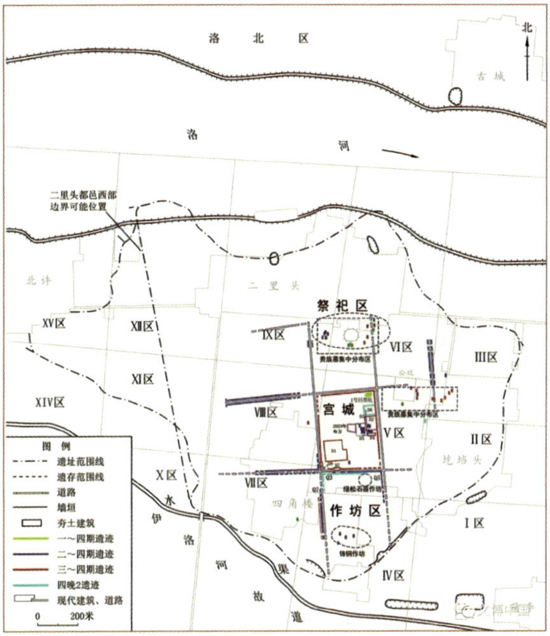

◎ 二里头遗址平面图

郭之所在。具体来讲，有以下几个方面的证据。

第一，规模巨大、结构复杂。二里头遗址现存面积约 300 万平方米，原来应该更大，可能被洛河冲了一部分，即便如此也是黄河流域同时期已知规模最大的遗址。它不但规模宏大，而且规划周密、结构复杂、布局有序，是一处包括宫城、祭祀区、手工业作坊区、墓葬区以及规整道路网络的重要都邑。

第二，等级最高。宫城平面略呈南北纵长方形，城墙沿已探明的四条大路的内侧修筑，东、西墙的复原长度分别约为 378、359 米，南、北墙的复原长度分别为 295、292 米，宫墙平均宽度在 2 米左右。四面围墙围起的面积约 10.8 万平方米。在宫城范围内，目前已经发现数十座宫殿基址，分属于东、西两组建筑群。其中一号宫殿基址面积接近 1 万平方米，是当时规模最大、等级最高的建筑遗存，昭示了使用者尊贵的社会地位。根据地层判断，宫城的使用时间从二里头文化二期晚段一直延续到二里头文化四期晚段，说明二里头遗址在很长时间内都是一处重要的都邑性聚落。

第三，礼仪最复杂、礼器最丰富。礼仪活动是都邑遗址的重要内涵，而举办礼仪活动又离不开成体系的礼器。二里头遗址出土了目前已知时代最早、种类最齐全的青铜容器，包括鼎、斝（jiǎ）、盉（hé）、爵等，其中鼎为食器，其他三种均为酒器。另外，还有属于乐器的铜铃。所谓“钟鸣鼎食”，也就是说，中国青铜时代的核心礼器在二里头时期全有了。二里头遗址还出土了系列玉礼器，包括大玉刀、牙璋、玉戚等，其中最有特色的是牙璋。据考证，它很可能就是文献中提到的玄圭，这是大禹受命告成的主礼器。牙璋的流布很广，一些重要的遗址

◎ 二里头遗址一号宫殿复原图

如陕西神木石峁和四川广汉三星堆遗址都出土过牙璋，其背后可能就是因为夏文化的扩张所致，这是夏文化向外强势传播的有力佐证。除此之外，在这里还发掘出绿松石龙、嵌绿松石铜牌饰等具有特殊功能的器物，以及白陶器、漆器等贵重物品，这些都表明二里头遗址具有丰富的物质生活和复杂的礼仪活动，呈现出一派王都气象。

夏王朝的建立，标志着中国历史告别禅让制的部族联盟时代，进入世袭制的王朝阶段，夏代是政治意义上的“最早的中国”。西周初年，周人营建成周洛邑，记载这一大事件的何尊铭文自豪地宣称从此“宅兹中国”。历来僻居西土的周人之

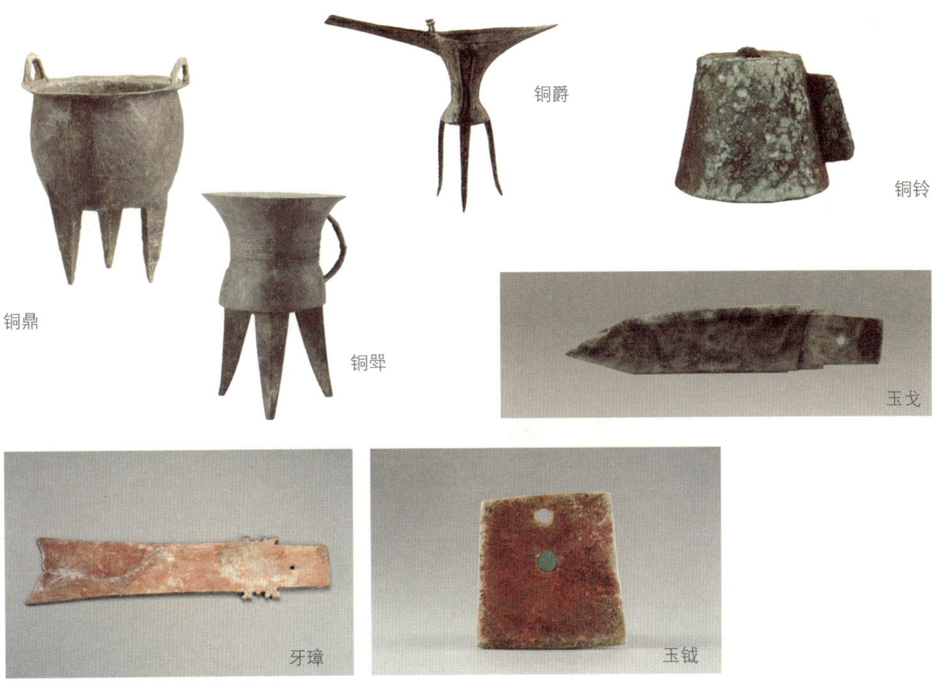

◎ 二里头遗址出土的礼器

◎ 骨猴

◎ 镶嵌绿松石兽面纹铜牌饰

◎ 二里头遗址出土的绿松石龙形器

所以有此自信，正是因为洛阳一带本是“有夏之居”，是夏都之所在。夏是天下共主，是万邦拥戴的“中国”，后来周人奄有夏墟，定鼎洛邑，就是得“天下之中”而居之。因此，追溯起来，这一切都与二里头夏都遗址息息相关。

全国宣传思想文化工作会议在京召开

习近平总书记对考古工作高度重视，特别指出考古工作是一项重要文化事业，也是一项具有重大社会政治意义的工作，认识历史离不开考古学。作为新时代考古研究者，我也常常在想，要怎样把我们的研究与党和国家的需要有机结合起来。我们考古工作者不但要不断提升业务能力，更重要的是政治素质也要硬，文化情怀也要深。生长在这样一个文明古国，即便作为普通的中国人，我们对五千年文明也倍感自豪。作为专业从业者，更要对本国历史有温情和敬意，有文化情怀。考古学者要发现文明，但发掘只是最基本的工作，我们还要阐释文明，为建设中华民族现代文明贡献考古学的力量。

（供图单位：二里头夏都遗址博物馆）

国家工程

大运河文化的构建与保护传承

刘曙光

中国博物馆协会理事长、《中国博物馆》主编

党的十八大以来，习近平总书记多次就文化遗产保护工作作出重要指示批示，强调“要系统梳理传统文化资源，让收藏在禁宫里的文物、陈列在广阔大地上的遗产、书写在古籍里的文字都活起来”。大运河就是名副其实的陈列在广阔大地上的文化遗产。习近平总书记高度重视大运河文化遗产的保护传承，强调“大运河是祖先留给我们的宝贵遗产，是流动的文化，要统筹保护好、传承好、利用好”。

说起大运河，我们都会觉得非常熟悉。从专业的角度讲，我们一度把大运河分成了历史的运河、现实的运河和遗产的运河。我今天要讲的内容主要有四个方

面：一是挖掘大运河作为世界上最长人工运河的历史价值；二是回顾大运河是怎么样从一个中国的文化常识变成实实在在的文化遗产，最终成为全人类共同保护的世界文化遗产；三是列举大运河文化价值内涵的重要实物见证；四是从大运河国家文化公园切入，谈谈如何通过保护、传承、利用好大运河的文化遗产，来实现中华优秀传统文化的创造性转化与创新性发展。

一、世界上最长的人工运河

在历史上，大运河通常都是由中央政府组织开凿，并且实行中央政府直接管理。它的主要功能是漕运。漕运是中国古代实行了千余年的一项重要的政治和经济制度，主要是在广阔的国土空间内利用水道调运粮食，保障资源的调度、控制和再分配，满足京师地区的供应、国家战略储备和应急救灾的需要，从而实现社会结构调整、经济社会发展，进而维系国家的统一和政权的稳定。

目前的文献记载证明，大运河最早可以追溯到春秋时期的吴国。《左传·哀公九年》记载，“秋，吴城邗沟，通江、淮”，这一年是公元前486年，在向北进军伐齐战争的准备中，吴王夫差下令开挖邗沟。这条全长185公里的水道，实际上是人工将沿途的若干湖泊联系起来，属于借助自然河道的人工渠道。邗沟利用了地势上的南高北低，完全可以自然由南向北行进，一直贯通到淮水之滨。尽管吴国的称霸之梦很快破碎，但邗沟一直延续了下来。

大运河在隋唐时期大为鼎盛。公元589年，隋文帝重新凿通邗沟，并以此南下，消灭陈国，实现了中国的第二次大一统。隋炀帝杨广即位后，大业元年(605年）三月，“发河南诸郡男女百余万，开通济渠，自西苑引谷、洛水达于河，自板渚引河通于淮”。在短短6年间，隋炀帝修建了通济渠、山阳渎、江南河，向北修建永济渠直通涿郡。大运河历史上第一次全线贯通，全国的水系形成了一个

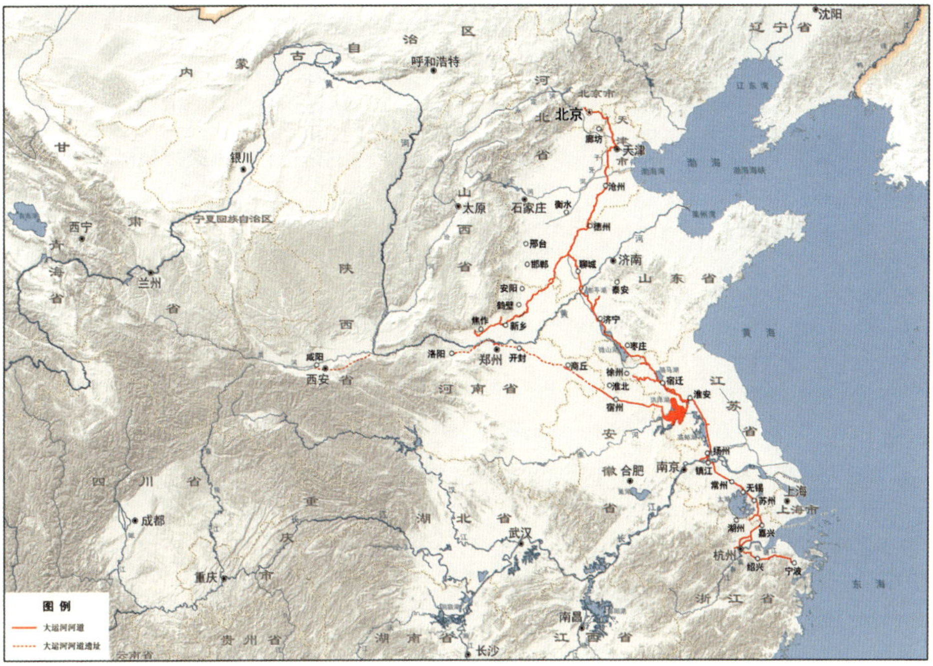

◎ 大运河河道图

面向当时的国都长安（今西安），但以东都洛阳为中心，南至杭州、北至北京的总格局。

唐朝建立之后，大运河的意义愈发凸显。从唐中期开始，全国的农业重心逐步南移。漕运体系的重心也随即不断从北向东、向南转移。淮南、江南经济的发展，导致东南方向漕粮比重逐步增加。位于西北的政治中心，越发依赖东南方向的经济中心。唐朝能够延续两百多年，历经贞观之治、开元盛世，很大程度得益于这条大运河。有人专门写道："东南四十三州地，取尽脂膏是此河。"

以洛阳为中心的运河体系的盛衰，甚至还成为国家分裂和统一的风向标。每

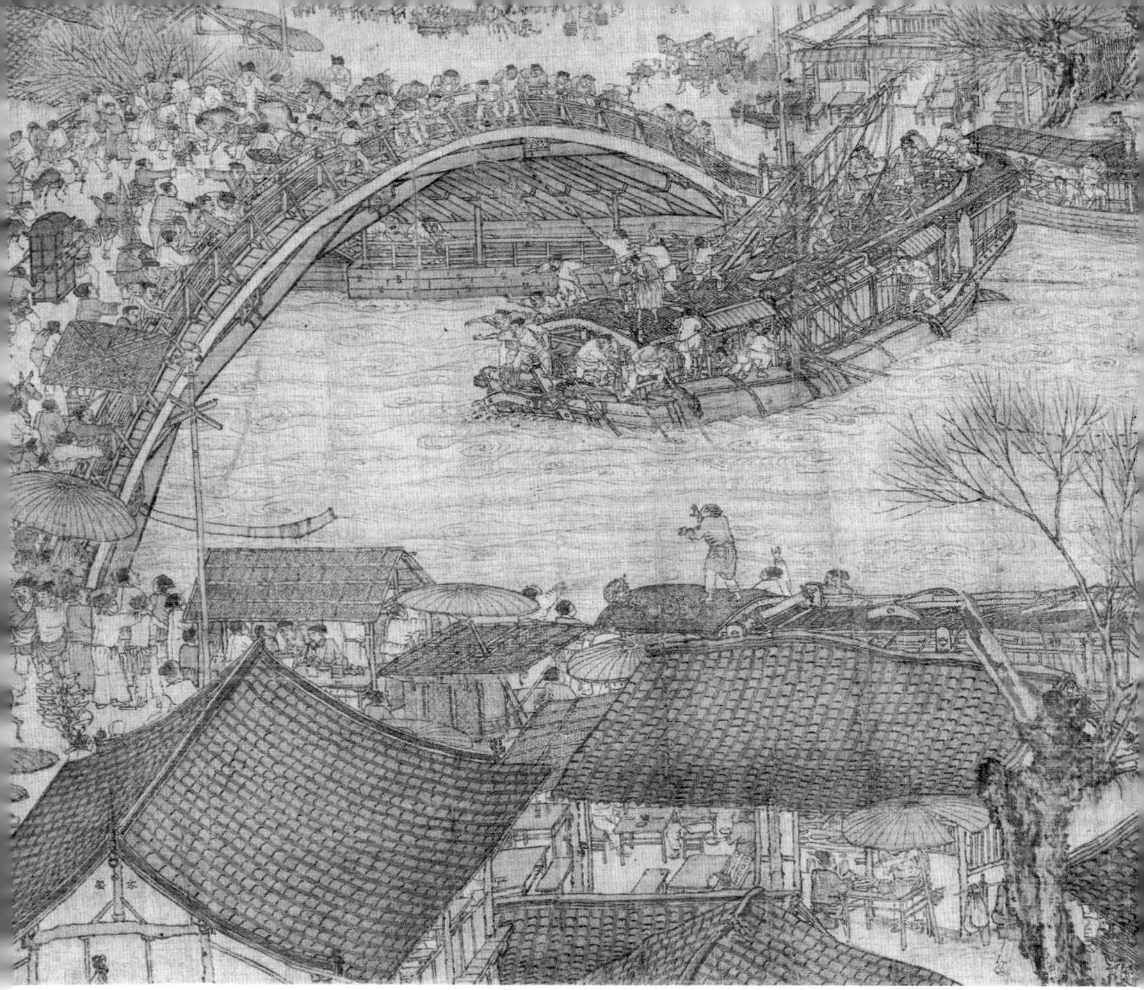

◎《清明上河图》（局部）（藏于故宫博物院）

当战乱之时，皇帝最先祈祷的事情，恐怕便是运河的控制权。安史之乱爆发后，忠君保国的将领以其为战略中心进行着抵抗，叛军则企图拿下运河途经的地区，切断皇家的运粮命脉。那些最初因为军事目的而建造的沿河军镇，慢慢繁荣起来。其中就包括一个名叫汴梁的城市，最终成了北宋的首都。中国历史上最著名

◎ 北京昌平大运河源头遗址公园的“白浮之泉”碑亭和九龙池（高晨翔 / 摄）

的一幅画可能要算是《清明上河图》了，它描绘的就是北宋都城东京汴梁（今河南开封）在运河滋养下的盛世风华。

元朝开始，随着中国的政治中心迁移到北京，大运河迎来了根本性的转变。在水利专家郭守敬的设计下，那条曾经以东西为主要走向的大运河，开始变成了南北走向，不必再恢复曾经连通洛阳的部分，而是直接从河北进入山东，走德州、聊城、临清、济宁一线，最后在徐州进入黄河，向南接通淮扬运河。如果说大运河是一张弓，那么自此以后，漕运不再走弓背，而是直接走弓弦，距离大大缩短。郭守敬的办法，后世称为“裁弯取直”。不过，当时大都还面临水源问题。郭守敬在调查中发现了位于昌平东南的白浮泉，便决定“自昌平县白浮村引神山泉”，自此，江南的漕船可以直接驶入大都城。忽必烈非常高兴，将这条河赐名为通惠河。

明清两代，漕运体系越发复杂和成熟，也越发对国家和百姓产生重要影响。通过大运河的维系治理，明清时期的版图得到了有效维持。在明朝大臣谈论漕运的奏章中，出现频率最多的一句话是：“国家财赋，仰给东南”，说明了南方粮食对于国家政权的重要性。通过大运河，整个明清时期的运输系统犹如人的全身血液一样，通过心脏传送到每一个末端，京城就是心脏。大运河不仅是生活在紫禁城中的皇帝及其宗亲的生命线，也是国家政治、军事、建设、外交乃至社会的供给线。

大家都知道有个形象的说法：“北京城是大运河漂来的。”确实，没有大运河，不会有今天的北京城。永乐四年（1406 年），明成祖朱棣下诏从次年开始重新修建北京城，并几乎在同时开始了重新贯通会通河的工程，于 1415 年竣工。建造新的首都，需要大量木材和砖瓦，这些建筑材料主要从四川、湖广、江西、浙江、山西等地开采，砖瓦则通过临清和北京等地的砖厂烧造。朱棣委派户部尚书夏原吉“缘河巡视军民运木造砖”，确保物资运输和施工。永乐十八年（1420 年）北京城建成。可见，明代京城建设和运河开凿从最开始便是相得益彰的。此后，皇宫的修建始终依靠运河运输的物资支撑。

明清两代对于漕粮的来源有明确界定，即来自山东、河南、江苏、浙江、安徽、江西、湖北、湖南八省。这些地方的钱粮征收上来之后，通过各地的水系源源不断向运河汇聚，最终北上抵达京城。除了粮食之外，大运河还要运送很多生

◎《乾隆南巡图》（局部）（藏于中国国家博物馆）

活物资。黄仁宇在《明代的漕运》中详细列出了当年沿着运河北上的物品："包括新鲜蔬菜和水果、家禽、纺织品、木料、文具、瓷器、漆——几乎所有中国所产的物品都通过大运河进行输送；诸如箭杆和制服之类的军需品，笤帚和竹耙之类的家用器具，也经过运河送到北京去。"到了清代，对运河的需求比明朝更大，因为清朝的北京城除了王公贵族和大臣之外，还有数十万的八旗兵丁及其家属。这些人的口粮和日用品都要由大运河供给。

1855 年，由于黄河改道，今天黄河以北的运河遭遇水源干涸等问题，河漕基本终止。之后由于陆路和海路成为交通以及运输的主要方式，北方大运河各段次第荒废，而南方大运河仍然发挥着交通和水利的作用。所以从历史的角度看，一条大运河就是一部古代中国兴衰史、一部中华文化演进史。

◎繁忙的京杭大运河（新华社发　孟德龙/摄）

从文化地理学的角度讲，大运河是可以和万里长城齐名的中华文化坐标。虽然漕运已经在清朝末年画上了句号，但大运河的生命并没有终结，而是一直延续至今，并焕发着新生。她不仅呈现了一时之利，更奠定了万世之功。中华文明的多元一统格局，大运河是最重要的见证者和推动者。西部的层峦叠嶂、北方的茫茫大漠、江南的密布水网，通过大运河的枝枝杈杈结合在了一起。通过将政治、军事、经济中心联系在一起，大运河促使古代中国逐渐凝聚成整体，让政权得以维持，让文化得以延续，让大一统的国家观念深入人心。大运河的不断建造和完善是顺应历史、呼应时代的必然产物，更推动了中华民族多元一体格局的形成。

大运河串联着城市与乡村，哺育了恢宏的都城和鲜活的市井。无论是帝王的首都，还是郊野的农家，都能在这张水运大网中找到自己的位置。中国的“六大

◎《中国大运河史诗图卷》（局部），画卷总长 135 米、高 3 米，由大运河沿线 8 个省（市）的 15 位书画家共同创作而成

D C B A

B A

古都”——西安、洛阳、开封、杭州、南京、北京，都因大运河而留下千百年的沧桑史。天津、济宁、淮安、扬州等都市，张家湾、杨柳青、道口，以及江南水乡那些形形色色的古镇，或因运河而繁荣，或因运河而衰落，赋予大运河极为丰富多样的价值。而那些在运河两岸似乎默默无闻的郊野村落，则是大运河所能触及的最基本单元，也在那些繁华的都市之外，勾勒出大运河质朴而有韧性和张力的另一面。

你知道中国大运河在世界上有怎样的重要地位吗?

大运河还滋养着中国的文脉，映照着世间万物、风土人情。当漕运停止、繁华渐去，让大运河永远融入中华文明基因中的，是唐诗宋词、书法绘画、话本小说，是闲情雅致的生活方式，是物阜民熙的文化记忆。文人墨客在运河上创作，游子客商在运河上留下足迹、故事和传说。李白、杜甫、白居易、苏轼、陆游、赵孟頫……这些响亮的名字，用各自的笔触为后人创造了关于运河的无尽想象。

民间还有这样一种形象的说法：在中国大地上，有一个大写的“人”，一撇是北方的长城，而一捺就是纵贯南北的运河。这一说法很能说明大运河在中国历史上的巨大影响力，这种影响力也得到了国际社会的充分认可。1996 年，国际工业遗产保护委员会发布了《国际运河古迹名录》，对中国古代的大运河给予高度评价，认为它是中国第一条实现“穿山越岭”的运河，在整体概念和建造上都有重要性，是全球最具影响力的水道之一，更是世界运河史上的里程碑。中国大运河可谓是工业革命前，全球开凿最早、线路最长、延续时间最久的运河。

二、发掘古老大运河的文化价值

曾几何时，现实生活中的大运河经常以一种模糊的面目出现。大运河究竟在哪里？大运河究竟是一种什么样的状态？很多非专业人士，甚至包括我们一些专业人士也觉得很难用一两句话说清楚。一直到21世纪初，国内在古代大运河是不是文物、是不是文化遗产这个问题上，都没有形成共识。同时，运河遗产在很长的一段时期内没有被纳入我国受法律保护的文物体系，它的历史和科学价值没有得到法律上的充分认定。古代文献中并不缺少对于漕运制度、运河的记载，李约瑟的《中国科学技术史》中有很多对大运河的描述，其他关于京杭运河史的记述也有很多涉及大运河。但是我们并不能根据这些文献记载和著述去实地考察、去寻访古运河的遗迹，大运河作为文化遗产的实物证据并不多。

因此，运河究竟在哪里？古代的运河现在是一种什么样的状态？为什么会在这个地方有这样一个重要的运河水利设施，或者一些和运河相关的建筑？人们关于大运河还有很多疑问。比如，今天山东济宁，是古代运河尤其是京杭大运河的重镇，南旺的分水枢纽是决定京杭大运河能不能实现南北贯通的关键地区。但是，它是怎样做到让山东汶水流域的水源汇集，让汇集起来的水“七分朝天子、三分下江南”，贯通了北京和南方的？还有江苏淮安的清口枢纽，也是京杭大运河上一个极其重要的水利工程。关于清口枢纽的筑堤束水、以水攻沙、蓄清刷黄、济运保漕等，文献有很多记载，但这些工程技术特点是怎么样去实现的，这些闸、河道究竟是怎样一种配置？还有筑堤束水、蓄清刷黄这样一种漕工的技术到底是怎样的？如果只看文献，只看文献里面的插图，我们是说不清楚的。

如果说，京杭大运河在现实生活中保存的遗迹还比较多的话，隋唐大运河就完全是另外一种情况了。作为隋唐大运河主干的通济渠，大部分已经成为可见或不可见的遗址，从今天河南开封到安徽的淮北，大运河故道完全被埋于地下，甚至大运河的河道在个别地段还成为矗立在地面上的堤坝，已经面目全非。另外，运河沿线城乡持续的开发建设造成了运河环境的较大变化，有很多人生活在运河边，却感受不到运河文化的存在。在大运河申报世界遗产之前，不少地区的运河，尤其北方一些地区的运河故道大多处在一种脏乱差的状况：有的变成了一潭死水，有的好像是一条臭水沟，严重地模糊了大运河原来眉清目秀的模样。面对这样的尴尬局面，当时提出大运河申遗可谓困难重重，打个比方，可谓是一锅热腾腾的夹生饭。

2002 年，国家启动了南水北调东线工程。时任中国文物研究所副所长葛承雍提出，东线工程计划利用的一部分河道系京杭大运河故道，这部分应作为文物古迹保护起来。2005 年，著名的“运河三老”——郑孝燮先生、罗哲文先生、朱炳仁先生，提出加快京杭大运河遗产保护和申遗工作，他们为此给运河沿线 18 个城市的市长写了一封公开信。2006 年，由全国政协委员舒乙先生领签的 58 位全国政协委员，向全国政协提交了《应高度重视京杭大运河的保护和启动“申遗”工作》的提案，当时就被列为全国政协主席亲自督办的重点提案。同时，一批考古学家提出，大运河申遗不能只是京杭大运河，隋唐大运河同样重要，是中国古代大运河的重要构成，也应该加入申遗的行列。

当时，“大运河申遗”虽是个热词，但什么是大运河遗产却处在一种含混不清的状态。从国际文献上来看，我们能找到对于“什么是运河遗产”的解读。1994 年，《遗产运河信息文件》中就讲到，运河的重要性可以从技术、经济、社会和景观等因素角度来考查。我们讲运河，不能只盯在河道、河床这些有水的部分。同时，1996 年《国际运河古迹名录》当中也对“什么是运河遗产”从四个方面划定了基本框架。国家文物局从实际出发，部署开展了一系列早期研究。中国文物研究所，也就是现在中国文化遗产研究院的前身，2005 年完成了一份大运河整体综合性保护研究立项的可行性报告，明确了运河遗产一些大致的方向。

真正让大运河的文化成为一个可见的体系的，是《大运河遗产保护与管理总体规划》的发布。2010 年春天，我受命担任中国文化遗产研究院院长，正值国家文物局委托我院牵头编制《规划》。经过院内外专家的努力，这个《规划》在 2012 年被国家文物局批准正式发布实施。《规划》最重要的内容是确定了大运河的遗产要素，把什么是大运河遗产作了非常清晰的分类和界定。

依据对遗产整体的价值贡献，《规划》将大运河遗产要素分为三大类：运河水工遗存、运河附属遗存和运河相关遗产。

运河水工遗存，包括运河主线、副线、支线和引河，也包括古代称为水柜、今天称为水库的湖泊和泉水等，还包括闸、坝、堤防、桥、纤道、码头等。运河附属遗存，指的是和漕运制度相关联的仓库、驿站、驿亭等，以及从事漕运管理的一些官府设施，包括一些水利监测设施，甚至一些沉船的遗址等。运河相关遗产，包括运河沿线重要城镇因运河而兴而建，又因运河之废而废的历史文化遗产。《规划》第一次厘清了大运河遗产文化的规模，将大运河遗产划分成为10段，全长3166公里，其中主线全长2681公里。这一成果，成为全国各地、各行业沟通协调大运河相关事务的一个基准。

大运河遗产分布规模统计表

遗产分段	河段主线长度（公里）	河段总长度（含复线、支线、引河）（公里）	遗产区划面积（公顷）
Ⅰ通惠河段	20	29	900
Ⅱ北运河段	148	148	18991
Ⅲ南运河段	458	458	28513
Ⅳ会通河段	368	450	180527
Ⅴ中河段	246	483	65302
Ⅵ淮扬运河段	188	241	215850
Ⅶ江南运河段	432	479	19108
Ⅷ浙东运河段	180	180	8331
Ⅸ卫河（永济渠）段	428	462	47217
Ⅹ通济渠（汴河）段	212	236	228952.5
总计	2681	3166	813691.5

编制大运河遗产保护管理规划是一项复杂的系统工程，它有四大亮点。

第一个亮点是，“突击”完成了一些专项考古发掘。究竟这条大运河有没有、在哪里、是什么样的状况，要通过考古发掘来证明。比如，在今天河南浚县黎阳仓遗址（永济渠段）的发掘成果，确保了大运河 10 个河段都有代表性遗产。商丘、淮北的三处河道考古遗址的发掘，使一千多年前隋唐大运河的真容重见天日。山东济宁南旺枢纽遗址的系列发掘，使我们知道了大运河全线科技含量最高的“心脏工程”的构造和运作的基本情况。淮安清口枢纽顺黄坝埽（sào）工遗址，展示了古人因地制宜，运用芦苇、竹子、稻草等简易材料封堵决口、固堤护岸的真实细节。国际水利遗产专家到中国考察时惊叹于这一考古发掘，称赞这处几百年前的历史遗迹是全世界运河史上的一个奇迹。

第二个亮点是，通过文献研究、地图分析和实地调查相结合的研究方法，确保调查成果、研究成果准确可靠。2010 年，我们绘制完成了大运河遗产构成图。它证明大运河从春秋到清代的历史格局至今还是基本完整的，而且主线河道加上遗址的留存比例高达 85%。比如，从北京到京杭运河这一线，河道和遗址基本完整；从洛阳到淮安的通济渠，也就是古代的汴河这一线，河道大约只保存了三分之一，其他则以遗址形态呈点状分布；永济渠、浙东运河两段基本完整在用。这样一幅运河遗产分布图，为今天我们建设大运河国家文化公园提供了科学精准的数据支撑。

第三个亮点是，将世界文化遗产的评价标准与中国运河遗产的现实情况相结合，创造性地提出了符合实际的、实事求是的适用标准。除了大运河的故道，那些与历史运河保持一致方位走向的河道，即便是一些后期翻新的河道，只要能够体现大运河遗产的价值，也可以列入大运河遗产的构成当中。大运河遗产不都是清代以前的，也包括了一批新中国成立之后整治疏浚的运河工程。

第四个亮点是，确定整体保护运河遗产的策略和兼顾各方的管理框架。大运河文化资源广泛庞杂，可谓“牵一发而动全身”。保护运河古迹虽然重要，但不

◎ 大运河文化遗产图

能影响水利、交通部门的管理体系，更不能影响大运河沿线人民的生产和生活。因此，在几千处大运河遗迹当中，国家文物局仅仅选择 364 项作为中国大运河遗产，并且合并了跨省市的同河段河道。比如河北沧州到山东德州一段，跨越了河北和山东两省，把它合并为南运河同一个河道，而且标出了哪些是在用，哪些是遗址或者遗迹。此外，在遵循国家河道管理范围划定原则及管控范围的基础上，确定了遗产保护区划，同时最大限度地保证水利和航运规划的完整性。这些成果，也为今天的大运河国家文化公园建设确定管控保护区等提供了基础依据。

三、世界文化遗产：中国大运河

从大运河遗产保存、管理的实际情况出发，经过反复磋商，国家最终确定中国大运河采取“点段申遗”的策略。什么意思？并不是所有的大运河，从北到南每一公里都申报世界文化遗产，而是选择“古运河”各河段中最具代表性的段落，构成系列遗产进行申报。这是当时能够满足世界遗产关于真实性和完整性要求的优选申报策略。中国大运河遗产全长 3166 公里，但申报世界遗产的“中国大运河”，总长度仅有 1011 公里，它不是完整的一条，而是断断续续的；它划分成了 31 个组成部分，包括 85 个遗产要素，其中有 27 段河道、58 个遗产点。其中，江苏省以 22 处遗产点名列全国运河沿线列入世界遗产之最，其次是山东省 14 处，浙江省 13 处。

中国大运河全长多少公里？
又有多少入选了世界遗产呢？

这些大运河的点段，既各具特色，又相互联系，共同构成了一组成体系的遗产，显示着中华民族的杰出智慧。

首先，这是一系列无与伦比的水利工程。大家知道，中国东部平原属于典型的温带季风气候，夏天多雨，冬季干旱。对运河而言，这就要求既要保证充足的水源，又要确保不会因为水量过大冲毁堤坝。几乎所有河段都面临着如何平衡“聚水”和“泄洪”的问题。比如通惠河，最初以卢沟河（今永定河）为水源，但后者含沙量过高，不便行舟。元朝郭守敬的西山引水工程另开源头，较好保证了通惠河水量，是大运河北端最具代表性的工程。在黄淮流域，黄河在汛期洪水滔天，在枯水期又干涸萎靡，唐宋之际不断尝试以其他支流替代黄河作为水源，许多杰出的工程智慧都是在此诞生。

再比如山东的水源问题。会通河的水源最初主要依靠汶水和泗水，这两条河的特性和黄河极为相似，旱涝两季分明，每年春天漕运最繁忙的时候反而是最缺水的季节，而鲁中山地又使难得汇聚的水源面临如何有效分配的问题。为此，明朝初年在会通河上实施了一系列的工程，包括通过戴村坝增大汶水的支援力度，通过开掘和汇聚上百条鲁中山地的泉源，通过设置沿线水柜调节冬夏两季的水量，通过建设南旺分水枢纽确保北方运道的通航。这组工程的谋划和设计，需要对当地自然地理条件极为熟悉，所以吸收了当地民众的智慧。

要实现纵贯南北，大运河还要翻越起伏的丘陵，穿过汹涌的江河。河道总不是完全水平的，沿线高程几番起落，也让河道不断调整着通行模式。中国人发明了堰、埭，单复闸。会通河又被称为闸河，沿途遍布30多座船闸，漕粮船队一点点通过提升的水位爬升，经过南旺枢纽后再一点点下降，周而复始，翻山越岭。另外，清口水利枢纽遇到了世间罕见的江河平交格局。我们的先人创造性发明了“蓄清刷黄”的方法，用一道道水工设施，抵御黄河侵扰，赋予淮河力量，

◎ 位于山东东平南城子村的戴村坝（赵辉 / 摄）

◎位于江苏淮安的清口枢纽板闸遗址（淮安文物保护和考古研究所供图）

护卫漕运安全。

另外，大运河上还有很多著名的石桥。在江南地区，由于水网繁密，半圆拱的石拱桥因桥下通航空间大，成为跨越河道便利交通的首选。始建于元代的苏州灭渡桥位于苏州城东南角，桥孔宽度达到 14.5 米。为了支撑桥体，主拱圈由若干条弧形板拱石并列砌置，拱石之间相互挤紧，共同受力。灭渡桥高而不峻、稳重大方，是江南古桥中的典范。和灭渡桥一样知名的单拱石桥还有无锡的清名桥，距今 400 多年，桥孔跨度 13.1 米，全系花岗岩堆砌而成，是大运河在无锡的一个著名地标。再如绍兴的八字桥，因为地形条件所限，独创了八字型的桥梁，巧妙地解决了复杂的水陆交通问题。

一旦河道过于宽阔，单拱石桥便要让位于多拱石桥了。比如嘉兴长虹桥，巨型三孔实腹，气势宏伟，形似长虹；杭州拱宸桥，三孔驼峰薄拱薄墩联孔，是大

◎杭州塘栖古镇广济桥（中新社发　史春阳／摄）

运河在杭州的端点标志；杭州塘栖古镇的广济桥，是京杭大运河上仅存的一座七孔石拱桥，也是大运河上保存至今规模最大的薄墩联拱石桥。桥有七孔，拱券纵联并列分节砌筑，全长 78.7 米，面宽 5.2 米，矢高 7.75 米，中孔净跨 15.6 米。更著名的还有苏州的宝带桥，53 孔联拱，长度超过 300 米，气势悠远，文徵明曾以“天外飞虹彩，波心日泻金”描绘宝带桥的隽秀景象；就连乾隆皇帝也为其倾倒，写下了“宝带春风波漾轻”的诗句。

大运河的遗产构成中，还有一系列因运河而生的古都、城镇。比如洛阳，在隋唐洛阳城的鼎盛时期，城市主要的经济轴线以洛水为主线，构成了一个沿洛水南北分布的城市商业格局，最具商业性的仓储、码头、手工业区都在洛水两岸占据一席之地。沿着运河而来的船舶通过洛水直抵城内，给洛阳城带来了丰富的物资。洛阳在隋唐时期“中兹宇宙”的地位，就因大运河而塑造。对于大运河而言，洛阳更是不可替代的核心。和长安一样，洛阳也由一个个“坊”组成，很多坊都有一个很积极、很有教化意义的名字，比如立德、道德、劝善、修业。其中有一个特殊的坊名，直接与运河有关。在城西南角通济渠进入洛阳城的地方，专门设置了一个名叫“通济坊”的区域，足见运河之于洛阳城的特殊意义。洛阳的大运河遗存，在今天留下了含嘉仓、回洛仓等隋唐时期重要的运河粮仓，见证着一千多年前的风云变幻。

扬州在盛唐时期是仅次于长安和洛阳的第三大城市。大运河从扬州城东自北向南流过，然后在城东南角向西南流向瓜洲。无数从南方来的漕粮货物，就是从这里聚集北上，奔赴京城。唐时的盐产地以江淮地区为主，扬州以其便利的交通，自然成为盐业集散地。盐铁转运使常驻扬州，也说明此地在国家盐铁管理上扮演了极为重要的角色。扬州其时的繁荣，被当时人赞誉称“扬一益二”，“谓天

◎江苏扬州运河三湾景区（新华社发　孟德龙／摄）

下之盛，扬为一而蜀次之也”。

再如苏州，这是一座建在运河上的城市，城内有“三横四直”为代表的骨干水系，经由大运河通往家家户户，形成河街相邻、水陆并行的双棋盘格局。山塘河、上塘河、胥江、平江河、护城河五条运河故道以及山塘历史文化街区、平江历史文化街区、盘门、宝带桥、古纤道等运河遗产，共同构成了完整的运河苏州古城。这种能够如此完整保留历史上运河水系，并依次作为今天建城基础的模式，在中国的众多运河城市中是非常罕见的。南宋绍定二年（1229 年），郡守李寿鹏主持刻绘了《平江图》，详细描绘了宋代平江府的大街小巷。看着《平江图》，我们能直观体会到水系对于一座城市的塑造，这些河道和桥梁构成了城市的主要肌理，城市的四周由河围拢起来。《平江图》中当时街区内的水系和街巷都比较完整地保存至今，今日的通利桥、朱马交桥、胡厢使桥、唐家桥、新桥、雪糕桥等，都沿用着旧时的名字。

还有杭州，城西侧是西湖，东南侧为钱塘江，运河从中间穿城而过，城里又密布着众多水道，比如盐桥河、市河、清湖河等。由于地理条件的限制，杭州城南北长、东西狭，城市主干道与这些河道平行，大都是南北穿城。因此，杭州人的主要交通方式是水路。由于湖泊和河道太多，这里不适合修造坚硬的道路，所以大部分人宁愿选择水上交通，甚至有的富户还有自己的私人船只和码头，寺庙也备有自己的船只。今天，杭州城中的拱宸桥、富义仓、西兴过塘行等遗产，是大运河世界遗产的重要部分。

山东临清在永乐年间重新贯通会通河后，开始扮演起运道节点的角色。随着南北运河的畅通，在运道之上来往的生意人络绎不绝，慢慢地商人越来越富裕，势力越来越大，明朝廷在大运河沿线多个城市设立钞关，并派遣户部的官员赴各地监收一种名叫“船料钞”的税金。临清在

© 苏州平江历史文化街区（新华社记者 李博 / 摄）

宣德四年（1429 年）设立了钞关，正统四年（1439 年）朝廷撤销了山东省内徐州和济宁的钞关，只留了临清一处。这样一来更是让临清成为税收的重中之重。到万历年间，临清钞关的年税收总额达 8.3 万余两白银，居全国钞关之首，占全国课税总额的四分之一，相当于杭州、扬州钞关税收的六七倍之多。

由于大运河的遗产构成非常丰富，保护管理的难度就很大，这使得申遗的过程非常复杂艰辛，但也让申遗的果实更加丰硕。2014 年 6 月 22 日，在卡塔尔首都多哈第 38 届世界遗产大会上，大运河申遗在最后关头逆袭成功。世界遗产委员会认为中国大运河符合四条世界遗产的价值标准：符合标准 I，是人类创造力

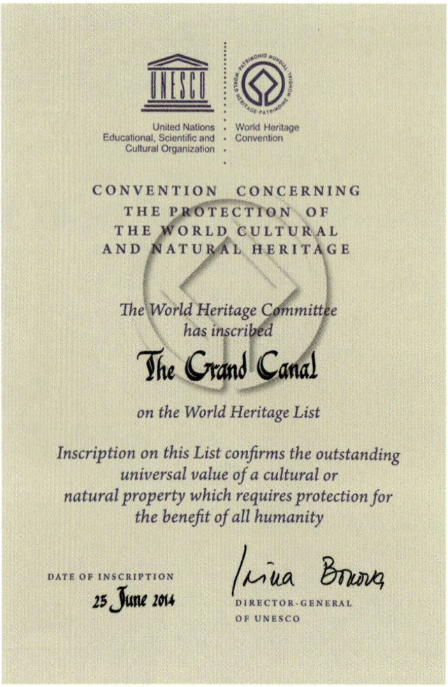

◎ 大运河世界遗产证书

中国大运河凭借什么特点
敲开了世界遗产的大门?

的杰出实例，是古代中国农业文明在水利技术上的杰出体现；符合标准Ⅲ，是漕运文化传统与粮食、物资供应流通以及因此而诞生的城市文明的表达；符合标准Ⅳ，是水利工程技术成就，大运河的堤岸、河坝、桥梁以及各种材料的运用都达到了那个时代水利工程技术的最高成就；符合标准Ⅵ，是因运河产生的统一多元文明以及大一统哲学理念的表现。这个评价是非常高的。

中国大运河申遗是一个很难复制的传奇。说它是传奇，不仅因为申遗过程的攻坚克难，更是因为有申遗成功之后的新篇章。

四、大运河国家文化公园：保护、传承、利用

大运河申遗成功后，我们应当如何保护运河遗产，运河文化应当怎样更好地研究、传承、利用，就成为一个摆在我们面前的带有紧迫性的问题。

习近平总书记高度重视大运河文化，在北京、扬州、浙江反复讲大运河文化的保护传承。在党的二十大报告中，习近平总书记明确指出：“加大文物和文化遗产保护力度，加强城乡建设中历史文化保护传承，建好用好国家文化公园。”这其中，大运河国家文化公园建设，由于是新晋的世界文化遗产，各方面条件较为成熟。

《“十四五”文化发展规划》

关于大运河国家文化公园建设，国家有一批顶层设计，中办、国办，中央深改委，文旅部、国家发展改革委、国家文物局，以及国家文化公园领导小组都印发了相关文件。2021 年印发的《大运河国家文化公园建设保护规划》，明确了大运河国家文化公园包括京杭大运河、隋唐大运河、浙东运河三个部分及其 10 个河段。这里说的其实就是中国的大运河世界文化遗产。

一般我们在说中国大运河时，指的是隋唐大运河和京杭大运河。但中国大运河世界遗产却是一条“新的运河”。为什么呢？因为它是隋唐大运河、京杭大运河加上了浙东运河。《大运河国家文化公园建设保护规划》要求整合大运河沿线 8 个省（市）文物和文化资源，按照“河为线、城为珠、珠串线、线带面”的思路优化总体功能布局，深入阐释大运河文化价值，大力弘扬大运河时代精神，加大管控保护力度，加强主题展示功能，促进文旅融合带动，提升传统文化利用水平，推进实施重点工程，将大运河国家文化公园建设成为新时代宣传中国形象、展示中华文明、彰显文化自信的亮丽名片。因为有申遗工作奠定的坚实基础，大运河国家文化公园建设的社会动员相对比较容易，而且，一些疑难的焦点问题在申遗时已经得到解决或得到缓解，实施起来相对难度较小。几

个国家文化公园建设都规划了 2021、2023、2025 年这样一些阶段性目标，但在实际工作中，大运河国家文化公园建设在这些阶段性目标上的完成度相对较好，实施起来也更有力。

大运河国家文化公园，首先是一座“公园”。不同于普通的市民公园，这是一个集历史与现实、文化与旅游、生活与休闲、知识与情感、自然与人文于一体的公共空间。公园是公共的，是每一个人都可以自由进入、自由感受的场所。而且，这座公园并不只是服务于游客，更是服务于沿线与大运河发生关联的所有人，是我们生活旋律中美丽的篇章，也是未来集体记忆中的精彩片段；这座公园既是畅想未来的根基，也为我们留下记住乡愁的土壤。

大运河国家文化公园，更是关于“文化”的。通过展现遗存承载的文化，活化流淌伴生的文化，弘扬历史凝练的文化，大运河的文化内涵在这座公园里不断绽放。文化不仅是历史知识，也不仅是传说故事，文化更是内化在一个民族的血

◎ 北京大运河森林公园（中新社记者　贾天勇 / 摄）

◎ 大运河国家文化公园（枣庄段）台儿庄古城景色（新华社记者　郭绪雷 / 摄）

液中的行为规范和视野格局。流淌两千多年的大运河所创造和滋养出的文化，塑造了今天中国人看待自我、看待世界的方式，自强不息、兼收并蓄、开放包容、和谐共生的精神与智慧都通过大运河这座文化公园得到保存和讲述。

大运河国家文化公园，最重要的关键词，是“国家”。大运河国家文化公园是贯穿京杭、隋唐、浙东三个部分，辐射 4.1 亿人口的庞大国家工程，更是众多部委、地方、行业共同致力的体系。历史上，大运河本身就是国家意志、天下一统的彰显，今天，大运河是中华民族数千年历史、优秀传统文化、伟大的时代精神、坚定的文化自信的集中体现。这样一座国家文化公园，让每个涉身其中的人，都能感受到国家的力量，感受到中华文明持久的生命力。无论是行驶在运河水上，还是欣赏着文化遗产，无论是亲身触摸运河历史的脉搏，还是使用科技手段置身历史情境，这座公园传递的是中国价值，塑造的是中国认同。

最能体现大运河国家文化公园先进性的，我觉得是运河沿线博物馆的建设。在申遗之前，大运河沿线城市的博物馆事业就比较发达。因为它处在我国经济比较发达的东部地区，博物馆基础好，在申遗当中就有一批博物馆为申遗工作作出了贡献。随着大运河国家文化公园的建设，一批新的博物馆和展陈相继问世，形成了一种鲜明的文化现象。比如在北京，首都博物馆的东馆，也就是北京大运河博物馆，于2023年底开馆。在曾经的隋唐东都洛阳，新建了隋唐大运河文化博物馆。山东聊城中国运河文化博物馆，最近也完成了改陈，按照国家文化公园建设对于

◎河南洛阳隋唐大运河文化博物馆（中新社发　黄政伟/摄）

保护传承大运河文化的要求，重新布置了展览。

当然，最值得一提的是扬州中国大运河博物馆。作为文旅融合的优质目的地，从建成开放起，就一直不断给人惊喜。在设计博物馆时，预期观众是一年150万人次，但2023年已突破300万人次，翻了一倍还多，而且迅速成为深受广大观众特别是年轻人喜爱的网红打卡点。

通过申遗，我们确认了大运河的文化和文物资源，使得大运河真正在物理形态上成为一种文化标识，经历了一场重获新生的文化整治和疏浚，大运河被赋予了新的文化内涵，其多重价值升华到国际语境下所产生的独具中华文明特色的价值符号和文化产品，实现了创造性转化和创新性发展，具有里程碑式的意义。在“后申遗时代”，建设大运河国家文化公园，根本目的是彰显大运河文

◎ 扬州中国大运河博物馆

化的当代意义，坚定文化自信。那么，大运河文化的当代意义是什么呢？我认为有这么几个方面。

第一，大运河是在中华文化遗产体系当中具有特殊亲和力和凝聚力的活态遗产，是一条流淌至今的历史长河，所体现出来的维护国家统一和社会稳定的治国传统，在今天仍具有重要现实意义。

第二，大运河是历史地理标识的当代传承。我们今天谈论大运河，不仅仅是指古代大运河，也包括新中国成立以来形成的运河体系。

第三，沟通地理空间的工程杰作。通过大运河，我们能够看到中国人适应空间地理、利用自然山水，不断求知、探索和创造成就，映射着从古至今中国人民的智慧。

第四，大运河是城乡经济发展的大动脉。古代如此，今天也依然如此。在历史上，大运河除了连通政治中心，还带来了以商贸为动力的城市发展新模式。货物和人员在运河上的流通带动了沿河经济活力，孕育了繁荣的运河城镇。

第五，大运河是社会文化交流交融的载体。大运河是中华风物的载体，是文化交流交融的见证，是一部缓缓铺开的中国文化地理长卷。建设大运河国家文化公园，依托的是历史文化，彰显的是当代文化和当代的中国人。

大运河作为流动的文化遗产，地理空间跨度大，延续使用时间长，文化遗产资源多，经济社会发展基础好，是具有 2500 多年历史、极具特殊亲和力与凝聚力的活态遗产，是中华民族繁荣兴盛的历史见证，也是中华民族文化基因和中国特色社会主义文化的优质载体。建设大运河国家文化公园，提升了人民生活品质的文化体验空间，是文化强国建设的一个标志性、旗帜性工程。

大运河是中华文明绵延不绝、多元一体的有力象征。中国幅员辽阔，各地区资源禀赋、发展条件不同，正因为有了大运河，在2500多年间，这些地区才能够有机结合在一起，历代统治者才能安心内抚国政、外御强敌，维系着疆域广大的国度。

建设大运河国家文化公园是推动中华优秀传统文化创造性转化、创新性发展，推进中国特色社会主义文化繁荣发展，建设中华民族现代文明的生动实践。这样一个伟大的实践，不仅具有重大的现实意义，更具有深远的历史意义。不仅将为中国人民的美好生活提供丰厚滋养，也将为全人类的文明与进步、为构建人类命运共同体提供中国智慧、中国经验、中国方案。

（供图单位：扬州中国大运河博物馆）

敦煌莫高窟及其现代文化角色

樊锦诗

“文物保护杰出贡献者”国家荣誉称号获得者、敦煌研究院名誉院长

敦煌莫高窟是世界上现存规模最宏大、保存最完好的佛教艺术宝库，博大精深、厚重宽广。我作为敦煌研究院的职工，作为一位文物工作者，有责任去把它弘扬、讲解、展示给大家。

今天我想讲六个问题。第一，讲一下莫高窟为什么有这么多的特点，它的产生背景。第二，它的创建和它的概况。第三，既然介绍了概况，我们进一步讲一讲它的特点，包括它的艺术、壁画，等等。第四，讲一讲藏经洞的发现，它的内容和被盗。第五，我想专门把中外文化的交汇交融讲一讲。第六，讲讲敦煌莫高窟现代的文化角色。

遇见敦煌莫高窟

一、敦煌莫高窟产生的背景

咱们现在就讲一下第一个问题，敦煌莫高窟产生的背景。

首先，我们讲莫高窟必定要先讲敦煌，要说一说悠久的敦煌历史。敦煌位于甘肃省西端。根据敦煌附近发现的人形彩陶罐可以知道，距今约 4000 年以前，就已经有先民在敦煌附近生存发展了。根据文献的记载，春秋战国到秦代 500 多年时间，有几个游牧民族在这里放牧。到了秦汉之间，蒙古高原的匈奴人把生活在这里的其他民族统统赶走了，占领了敦煌和河西走廊。

西汉王朝的前期，一开始它的力量很弱，休养生息了六七十年之后，有了很强大的武力，到了公元前 138 年、前 119 年，汉武帝两次派遣张骞出使西域。他去西域干什么呢？是根据汉武帝要求去联络那些被匈奴赶出去的少数民族，共同来夹击匈奴。结果这个目的并没达到，可是歪打正着，使中国和欧亚大陆之间的陆上交通全线贯通。因为大家知道，中国西面的山、高原很多，比较封闭，基本上官方和西部欧亚地区是没有来往的。这里我要补充一句，虽然官方没有来往，但民间是有来往的，比如大家知道的于阗玉，就是通过民间来往的。

到了公元前 121 年，西汉王朝打败了匈奴，打败了以后怎么管理呢？到了公元前 111 年，汉武帝采取了“列四郡、据两关”的措施。也就是说，行政上将甘肃兰州以西的河西走廊纳入西汉王朝的版图，由东向西设武威郡、张掖郡、酒泉郡、敦煌郡四郡。在军事上，在四郡之北修了长城。另外，在敦煌西面设置玉门关、阳关。阳关现在已经找不到了，但它的烽燧还在。那么设两关干什么？要征兵，在这个地方戍边，还要屯田，解决自己吃的粮食问题。

敦煌西面的汉代玉门关和阳关起了重大作用，西汉王朝西面的门就是玉门关、阳关，它们也成了汉王朝到西域去、西域到汉王朝来的重要关口。同时，汉王朝还采取积极开发边疆的措施。这地方原本人口很少，都是游牧民族，并不发达，所以汉王朝想从内地向敦煌和河西走廊移民。这些内地的移民带来了中原的农耕和水利灌溉技术，改变了原来的游牧经济，另外又传入了以儒家思想为主的汉文化。公元前111年开始，慢慢地，敦煌这个地方就被汉化了。

总之，上面的举措确立了敦煌在历史上的重要地位。敦煌最早的记载是在《史记》里发现的，也就是说，早在《史记》里就已经记载敦煌这个地方了。

其次，我想讲讲，古丝绸之路上的“咽喉之地”。

刚才说了甘肃省西端的河西走廊，因为它在黄河以西，所以叫河西走廊。河西走廊全长有多长呢？1200公里。它的北面是北山和蒙古高原，南面是祁连山和青藏高原。大家知道，祁连山养活了我们河西走廊，这两边都是高山，唯有这条河西走廊比较平坦，有河流、有水草、有绿洲，这样交通就比较便利了，不然那高原高山怎么通行啊！所以在公元前2世纪至公元9世纪，那时候海运还是不发达的，陆地上的这条路就成了唯一往西域去的通道，18世纪之后这条路被叫作“丝绸之路”。史书称位于河西走廊西端的敦煌，是古丝绸之路上的“咽喉之地”。

现在，我们以汉代的敦煌为起点，沿着丝绸之路，敦煌向东可以到长安，到洛阳，继续往东走，可到朝鲜半岛、日本列岛。敦煌向西，经过西域可以到中亚的各个地方，南面到印度，再往西，就是现在的伊朗，古代是波斯。再往西，就到了地中海的边缘，到古埃及、古希腊。你们说当时丝绸之路的“咽喉之地”敦煌重要不重要？

汉唐的时候，敦煌处于古丝绸之路的“咽喉之地”，所以它实际上

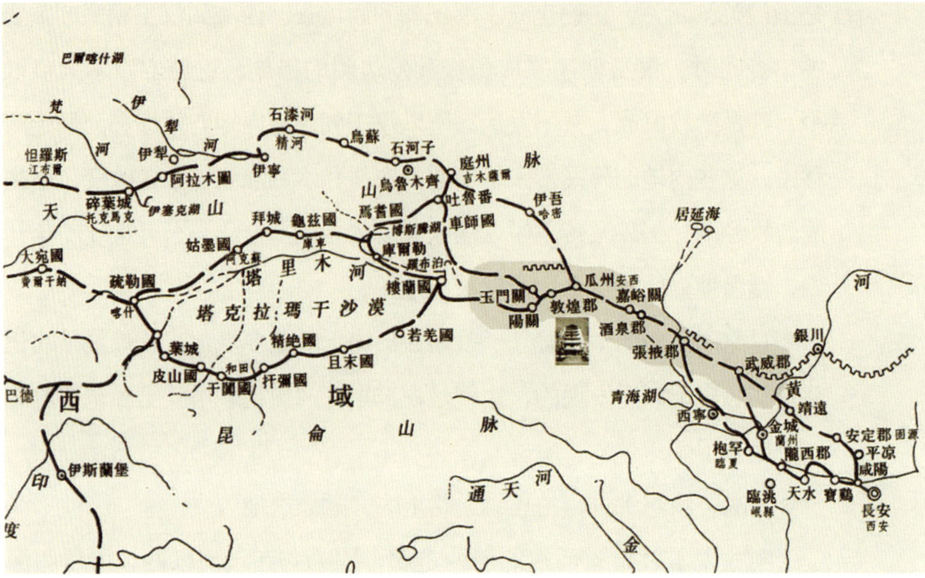

◎汉代丝绸之路示意图（吕文旭绘）

是站在了一个战略要地上，是东西方贸易的中转站。敦煌壁画上就有这样的场景：图的右侧画着骆驼驮着货物，谁在赶着这些骆驼呢？是高鼻深目、穿着西域服装的胡商，中国人当时管外国人叫胡人，外国商人就是胡商。另一边是中国人，他们赶着驮着货物的马在桥上与胡商相遇了。敦煌的壁画比较早，公元6世纪就有，已经表达出了中西文化和贸易的交流。

另外，敦煌也是宗教、文化和其他知识的交汇处。敦煌有三个世界遗产，除了莫高窟以外，还有玉门关，还有敦煌东边甜水井附近一个叫悬泉置的驿站。它也是一个接待站，还是个邮政局，这个地方出土了大概几万件简牍，现在我们叫文献。作为汉王朝西大门的敦煌，曾经接待过丝绸之路上29个国家的外交使节，这就是位于古丝绸之路上“咽喉之地”的敦煌在当时的作用。

◎ 莫高窟第 296 窟中外商队（北周）

刚才说了西汉，那么东汉呢？东汉开始，从西面到东面，就有佛教的高僧、外国人来中国传播宗教，还有景教、摩尼教、祆（xiān）教的传播者。中国呢，也要出去了解，关于我们西行去求法有很多记载。藏经洞里面有一幅画，画的就是中国西行求法的佛教高僧。这个高僧在干什么呢？拉了只老虎，点了个香，是熏蚊子的，背后背了个篓。仔细看那个篓，上面有好多红的点，是什么呢？是卷轴的经。古代的书不像我们现在的书，它们是卷轴的，卷轴有个木棍，两端是红的。他的背篓里全部是佛经，西行去求法，把经取回来，慢慢就传到中国来了。所以不管往东来传播宗教的，还是我们往西边去求法的，都要经过敦煌进出，可见敦煌这个丝绸之路的“咽喉之地”的重要性。由于丝绸之路上东西文化有着持续千年的交流，这就孕育了敦煌莫高窟和藏经洞文物的硕果。

再说说印度。莫高窟主要是佛教艺术。佛教的创始人是谁呢？是古印度的迦毗罗卫国的太子，名字叫乔答摩·悉达多，他的出生年月人们争论不休，生卒年大概在公元前565年至公元前486年。他当过太子，但他出走了，不愿意过那豪华的生活。他出走去修行，后来成佛了，人们就尊称他释迦牟尼，这不是他自己取的名字。释迦是一个族，这个释迦族里出了个圣人，用他们的话就叫释迦牟尼。

最早释迦牟尼创立佛教的时候，没有造像。后来是人们越来越尊重他，从小乘佛教变成大乘佛教，造了许许多多的佛、菩萨。大概是到公元前1世纪，在古印度西北部的犍陀罗这个地方，也就是现今巴基斯坦的白沙瓦地区，和古印度北部的马图拉，也就是今天印度首都新德里东南141公里的地方，分别创造了“犍陀罗”和“马图拉”佛教艺术。犍陀罗佛教艺术是印度佛教文化和希腊、罗马、波斯艺术混合生成的艺术。马图拉佛教艺术是印度本土佛教艺术。印度的佛教和佛教艺术经过丝绸之路传入了我国，影响了我国的早期佛教艺术。

二、莫高窟的创建和主要内容

下面就跟大家说说第二个问题，莫高窟的创建和主要内容。

那么莫高窟是怎么创建的，我们又是怎么知道的呢？有一个唐代武则天时候的碑，叫《李克让修莫高窟佛龛碑》，大概建于圣历元年，也就是公元 698 年。它上面的碑文记载了公元 366 年有个名叫乐僔的和尚，来到了鸣沙山脚下，忽然见到对面的三危山上万道金光，“行至此山，忽见金光，状有千佛”。我们的理解就是他站在那往东一看，那个地方怎么金光灿灿，里面还有很多佛在动，他就认为这是佛在召唤他，这个地方一定是个好地方。于是他就在鸣沙山下面的崖壁上开了一个石窟，用来干什么呢？坐禅。当时北方的和尚修行都是坐禅，坐禅就是坐在那，沉思默想，这样修行，最后成佛。

后来又来了一位和尚，名叫法良禅师，他又开了一个洞。所以《李克让修莫高窟佛龛碑》上写着说，莫高窟的营建开始于二位僧人。从此，莫高窟开窟、塑像、绘画的佛事活动持续了一千年，直到 14 世纪的元代之后停止了开窟。大家要知道，世界上很少有一个遗址，有石窟，又有文献的宝库藏经洞，就敦煌有；而且也很少有遗址是连续一千年地营造，也就是莫高窟。

迄今，莫高窟到底怎么样呢？莫高窟在 1700 米长的鸣沙山东麓的断崖上，保存了公元 4—14 世纪的 735 个洞窟，它可以分成南北两区。莫高窟南区的石窟群原先很破败，后来修复过了。那么南区有多少洞呢？ 492 个洞。这 492 个洞有些什么宝贝，又都是干什么用的呢？是供奉和礼拜佛的殿堂，里面有 2000 多身塑像，有 45000 平方米壁画。北区有 243 个洞窟，它和南区不一样，它是僧侣们修行和生活的场所。里头没有什么壁画，除了第 461 到 465 窟这 5 个洞有壁画以外，其他的洞

◎ 莫高窟南区石窟群（新华社记者　马希平 / 摄）

◎ 莫高窟北区石窟群

都没有壁画。里面有什么？有炕、有灶、有烟囱。

莫高窟九层楼的那个外景，大家都知道，窟区前还有舍利塔。莫高窟有洞窟、壁画，还有彩塑。看莫高窟不是光孤零零地去看壁画，孤零零地去看彩塑，莫高窟是洞窟建筑、彩塑和壁画组合成的综合艺术。所以我们去看洞的时候，应该联系起来看，它是有主题的。洞窟建筑因功能不同而有不同的建筑形制；塑像是崇拜的主体，所以放在主要的位置，供大家朝拜、膜拜；除了塑像以外，窟顶、四壁都画满了壁画，形象地表现了佛教的思想义理及其丰富细致的内容，你要想了解内容就要看壁画。

1. 洞窟建筑形制

下面我就简单介绍一下洞窟建筑的形制。主要有三类。

第一类是禅窟。它并不是我们的独创，用印度的梵语叫毗诃罗窟，我们叫禅窟，就是僧人开凿的小洞。这样的小洞北区很多，洞很小，我进去站直了可能要顶到头。它是供修行者坐禅修行的地方。就是坐在这里沉思默想，可不是叫你去休息睡觉，如果睡着了，这个修行就没用了。沉思默想，想什么？佛教的教义。不断地修行、苦修，最后能成佛，目的就是这个。

第二类叫塔庙窟。什么叫塔庙呢？就是洞窟的中间有个方柱，我们叫它中心塔柱窟。它也受印度的影响，印度开凿的洞窟里头如果有这个佛塔的话，叫支提窟。莫高窟的第 428 窟，建于公元 5 世纪，北周时期。它的平面是长方形的，在洞窟里凿了一个连着顶、接着地的方形的楼阁式的塔，最早是两层。我们河西地方，还有许多石窟有三层。塔柱的四面开龛，龛里面塑像，这个中心柱就象征佛塔，所以我

◎ 莫高窟第 428 窟
（北周）

◎ 莫高窟第 249 窟
（西魏）

们叫它中心塔柱窟，或者塔庙窟。干什么的呢？那些修行的人，他不能光在那坐着，他要到这里绕着塔看看佛。从佛的头顶慢慢看到他的脚丫，再从他脚丫慢慢看到头顶，观像礼佛，然后再回到洞里去沉思默想，始终要在想佛，想佛讲的教义。

第三类叫殿堂窟。比如西魏的第 249 窟。殿堂很宽敞，它的顶像个斗一样。早期不管皇帝、贵族还是老百姓房子里，都是没有家具的，席地而坐。那些中原的贵族和皇帝，就在房子里又修了一个帐，就像床一样，它的顶就是倒斗形。殿堂窟就是受到这种建筑的影响，平面方形，采用倒斗形窟顶，正壁开龛塑像，是供修行者礼佛听法的场所。

2. 彩塑题材

莫高窟的彩塑主要表现的，一是最高智慧、大彻大悟的佛像；二是自己觉悟了又去普度众生的菩萨像；三是虔诚修行、求得自我解脱的弟子像；四是剽悍勇猛、守护佛法的天王、力士像。

3. 壁画题材

壁画题材就比较多了，可以归纳为七类。

第一类是尊像画。题材类似于塑像，有佛、菩萨、弟子、天王、力士、护法神等。“天龙八部”大家都知道，里面护法神中有乾达婆、紧那罗。乾达婆、紧那罗是什么？就是千姿百态的飞天。隋代的飞天壁画上，飞天仿佛快速在流动，“呼”的一下就飞过去了。还有唐代的飞天、双飞天。敦煌的飞天没有翅膀，是靠身上的一个披巾飞起来的。国外教堂里的小天使，胖胖的，背后两个翅膀，你感觉他很重，看着像飞不起来，要掉下来似的。我们的飞天没有翅膀，却飞得很好。他们在蓝天彩云中间，互相追逐，前面一个、后面一个。他们在追逐、在玩，手里撒着鲜花，飞舞的动作轻盈舒展、飘逸优美，身上的长裙和披巾在微风的吹拂下轻轻飘扬、翻飞展卷，给人以愉悦和美的享受，令人流连忘返。乾达婆是干什么的？是天歌神，我们又叫他香音神，他是专门用歌舞、香气、鲜花来供养佛的护法神。紧那罗是干什么的？我们叫他天乐神，他是专司奏乐的护法神。

第二类是释迦牟尼故事画。释迦牟尼具有最高的智慧，是所有修行者需要模仿、效仿的一个榜样，所以释迦牟尼的故事画在莫高窟有很多。这类故事画包含三个内容，一是表

飞天是怎么飞的？
听听樊锦诗怎么说

◎ 莫高窟第 320 窟双飞天（盛唐）

现乔答摩·悉达多太子从投胎出生到成为佛陀的佛传故事；二是释迦牟尼过去世为救度众生而行布施、忍辱、牺牲等种种善事的故事，是为本生故事；三是释迦牟尼成佛后传教说法、度化众生的因缘故事。

第三类是中国传统神仙画。有人就怀疑了，莫高窟表现的不是佛教艺术吗，怎么神仙还进来了？我告诉大家，佛教作为一种外来宗教，一开始受到中国的排斥——中国是讲道教的，佛教来干什么？佛教为了融入当地，聪明地靠向中国文化，中国人不是最喜欢神仙吗？那好，在佛教洞窟里也给你画点神仙。所以莫高窟里面画了好多神仙。我举两个例子，一个伏羲，一个女娲。传说我们的祖先是伏羲，伏羲跟女娲是兄妹俩，一个是哥哥，一个是妹

◎莫高窟第 285 窟伏羲（左上）与女娲（右上）（西魏）

妹，他们结婚，产生了我们人类。壁画中伏羲这边拿着木匠用的折尺，女娲那边拿着圆规。咱们现在都知道八卦，八卦谁创造的？传说就是伏羲。他还教大家结绳编网、捕鱼狩猎。女娲则炼五色石补苍天。

第四类是经变画。莫高窟里面经变画也很多，简单说，经变画就是将单部佛经的主题思想和主要内容，演绘变成一铺大幅壁画。洞窟中的一幅经变画，一般小的数平方米、大的 20 多平方米。

比如《观无量寿经变》，是盛唐时期，公元 8 世纪上叶唐玄宗的时候绘制的。这幅画中间坐着释迦牟尼，他旁边是大菩萨，其他就是天人。他们坐的平台周围，有一些白白的淡淡的花，就是莲花池，莲花是佛教的象征。背后是豪华的建筑，有前后两层殿堂，殿堂的前面有楼、有阁、有台，有很强烈的中国特点，它的建筑有中轴线，两边是对称的。

我这里要说一下，印度没有经变画，这是中国人创造的。中国人根据自己的观察，把中国传统的人物画、中国传统的建筑画、中国传统的山水画、中国传统的花鸟画和社会风情画，巧妙地结合在一起，创造了宏伟壮丽、气象万千的理想中的佛国世界。这是中国独特的创造，你到印度去看，没有。

来敦煌，你一定要看看这个独创的“绘本”

经变画在隋唐出现，实际上跟佛教宗派思想的产生有关系。我理解的佛教跟你理解的佛教、跟他理解的佛教不一样，所以各有派别。也是由于宗派思想的出现，有了不同宗派的佛教经变画。莫高窟应该说有 30 多类、近 1000 铺经变画，这里面故事多了。朝鲜的佛教哪来的？敦煌传过去的。然后经过朝鲜又传到日本，传到日本的时候已经是公元 6

F E D C B A

B A

◎莫高窟 217 窟观无量寿经变（盛唐）

世纪了。所以你现在到日本，它也有《观无量寿经变》，一看跟我们的很像。

第五类是佛教史迹画。描绘佛教历史上的传说，以及佛教圣地、圣迹的故事画，我们叫佛教史迹画。此类壁画在传播佛教、吸引信徒方面发挥了重要作用。

大家知道张骞出使西域开辟了丝绸之路，莫高窟有个壁画上画的是汉武帝让张骞到西域去问佛的名号。其实这个图是杜撰、编造出来的，但是我们不能不承认，它确实反映了张骞出使西域的史实。图为什么要这么画？它是为了扩大佛教的影响，想把它的历史提前，让人觉得在大名鼎鼎的汉武帝的时候佛教就来了。

第六类是供养人画像。供养人就是出资掏钱、开窟修洞的功德主。

◎莫高窟第 323 窟张骞出使西域图（初唐）

把出钱的窟主跟他的眷属的像画在上面，我们把它叫作供养人像。为什么这么做呢？是为了祈福禳灾。供养人身份很复杂，有世家大族、文武官僚、僧官、僧尼、商人、工匠、牧人、行客、侍从、奴婢、善男信女等等，多得很。

供养人画像有什么好讲的？这一千年的供养人画像，反映了不同时代、不同民族、不同身份的人的衣冠服饰。供养人画像身边有个条条，叫榜题，这榜题上面写了供养人的姓名、籍贯，还有他的职衔等的文字题记。所以说这个文献是研究中西交流，也是研究敦煌历史和敦煌石窟营建史的重要史料。第 285 窟的供养人像上，画有汉族人、有少数民族人、有胡人，这是公元 538—539 年的供养人。旁边的发愿文，就是写供养人发愿，今天造了什么像，求什么佛，请他怎么保佑她们，这反映

◎ 莫高窟第 285 窟供养人像和题记（西魏）

◎莫高窟第 130 窟都督夫人太原王氏礼佛图（段文杰临摹）

了当时的情况，所以这个洞非常重要。

我们再看一个供养人画像，是开元天宝年间，就是唐玄宗的时候画的。这个女供养人是贵族，是都督的夫人，衣着华丽，体态丰满，雍容华贵。这个仕女画画得很好，是当时善于画妇女像的张萱的风格。画的前面是母亲，后面是她的女儿，再后面那些端着花的有的是女装，有的是女扮男装，都是侍从，背后还画有花花草草。

第七类是装饰图案。画那个图案干什么呢？装饰洞窟建筑，装饰彩塑，装饰壁画，并起到分隔作用。装饰图案纹样繁缛、色彩缤纷，并且吸收了很多外来的艺术元素，本土内容与外来内容不断地结合。这些图案像一条精美的纽带，将洞窟建筑、彩塑、壁画连接构成了风格统一的有机整体，非常漂亮。这些图案里既有我们国内的，也有很多比如葡萄纹等，受到了外来影响。

三、栩栩如生的彩塑和百科全书式的壁画

敦煌莫高窟艺术，它融汇了本土多民族艺术，又吸收了来自西域艺术的养分，形成了发展脉络清晰、自成特色的敦煌佛教艺术体系，并彰显了恢宏的中国风格、中国气派。它包含了建筑、雕塑、壁画、音乐、舞蹈等多种门类的艺术，其中壁画艺术又包含了人物画、山水画、建筑画、花鸟画等不同画科的绘画艺术。它代表了公元 4—14 世纪中国佛教艺术的最高成就，是我国对世界佛教艺术发展的重要贡献，在中国和世界美术史上有着重要地位。

1. 彩塑艺术

莫高窟十六国、北朝时期的彩塑艺术，表现了中土佛教艺术和印度佛教艺术相融合的特点。公元 5 世纪上叶第 275 窟的一个彩塑是交脚而坐，上身裸露，下面穿着裙子，一边一个狮子，头上戴了一顶宝冠，主要特点还是印度的，是犍陀罗风格的交脚菩萨，实际上是弥勒菩萨。公元 5 世纪下叶第 259 窟的塑像，他的衣服贴在身上，就是马图拉风格的特点。我很喜欢这个像，他微微低头是

樊锦诗最爱的微笑，
比蒙娜丽莎早了一千年

◎莫高窟第 259 窟马图拉风格禅定佛像
（北魏）

在笑吧？我来回仔细看，笑的就是眼睛和嘴巴吗？不是。他的肌肉、他的鼻子都在动。给人什么感觉？感觉他很神秘，又感觉他笑得很好，很含蓄，很美，是发自内心的一种微笑。他为什么要微笑呢？是坐禅的人，思考了很久以后想明白了，想通了而笑。就像我做一个很难做的数学题终于解了，我不敢哈哈大笑，我就微笑。所以他这个微笑非常有意思，很神秘、很含蓄，也很满足。它是坐禅者“禅悦”的动人神韵，这是中国艺术注重形神兼备，尤重神韵的表现。

很多人去法国、希腊看过雕塑，我也看过。它们骨架、肌肉非常符合医学，但这些都是冷冰冰的。中国也要求形状、形式，但是神韵一定要画好，水平高的一定是神韵非常好。有的人就说了，法国卢浮宫里不是有一个《蒙娜丽莎》吗，我说对不起，蒙娜丽莎的笑比这个佛像晚了 1000 年，你要仔细去看，她的神韵绝对不如这个佛像的神韵好。

我们再看唐代，经过北朝和隋代的探索发展，到了唐代，彩塑已经成熟了。它把中国雕塑的优点跟西方雕塑的准确性结合起来，用写实的手法来雕塑，有很高超的造诣。这时候雕塑艺术有什么特点呢？一个是比例准确了，原来造像的比例不是很准确，到这个时候比例绝对准确。另一个是造型非常健美。比如盛唐第 45 窟佛龛彩塑这一组像，每一位都很健美，比较丰满，他们衣服的色彩非常华丽，神态逼真，细腻地刻画了人物的内心世界。

◎莫高窟第 45 窟彩塑（盛唐）

◎ 迦叶

◎ 阿难

哪怕同样是菩萨、同样是弟子，不同的塑像却表现了不同的年龄、姿态、神情、个性。比如第 45 窟的两个弟子，一个老弟子，一个小弟子。这个老弟子迦叶很显老，骨头都冒出来了，皱皱巴巴的皮肤，一看就是老成持重。另一个是小阿难，他是个帅哥，一看就很聪明。为什么要这样表现？佛经打开一看，开头都是“如是我闻”。释迦牟尼圆寂以后佛经怎么传下来的呢？大多是由阿难告诉我们的。“如是我闻”就是说，我当年听师父跟我讲的佛经，是这么说的，我来给你讲。这个记性得多好啊！所以他要很聪明，同时也很虔诚。

比如同样是塑的一个菩萨，第 45 窟的姿态婀娜，身体有点弯，神情很慈祥，

◎莫高窟第 45 窟菩萨（盛唐）

◎莫高窟第 194 窟菩萨（盛唐）

看起来非常善良。另一位，第 194 窟的亭亭玉立，立得比较直，衣服很华丽，贴在身上，好像有刺绣、有染缬的，神采比较温柔娴雅。他们的表情和内心是不一样的。

莫高窟第 130 窟的弥勒佛说法像，也叫南大像，是盛唐时期的。它高 26 米，靠着山建造，他的内胎是石头，外面裹了一层泥，画了彩，保存比较完好。他的神情庄严肃穆。我刚来的时候年轻啊，从脚手架爬到他耳朵边上，到上面一看，根本不好看。我下来以后抬头往上一看，好看！这就是艺术家的厉害之处，艺术家知道，26 米高的佛像，如果要雕刻一个真实大小的头，从下面看就成了一个

◎ 莫高窟第 130 窟弥勒佛说法像（盛唐）

小小的脑袋，所以他就把佛的脑袋做成了 7 米高。佛像一共 26 米，脑袋就高 7 米，占全身高度的四分之一还要多。他为什么要这么做呢？就是用夸张的手法，来表现佛像的雄伟高大威严的形象。所以你从下面往上看，就会觉得他气势很大，雄伟庄严。

再给大家介绍一下第 158 窟的卧佛。这卧佛也是大名鼎鼎，是释迦牟尼佛涅槃像。这个像 15.8 米长，整体的造型非常简练，比例适度，睡的姿态很自然，面部的神情似睡非睡、似笑非笑，庄重愉悦、恬静安详、超凡脱俗，好像睡着了，实际上他没睡着。这表现了什么呢？表现了佛教的涅槃思想，就是佛没死，他还在，他到什么地方去了呢？去了一个永恒常在的地方，一个没有烦恼的、很好的境界，所以佛没有死，“常乐我净”。可以毫不夸张地说，这是国内外的卧佛像里最好的一个。

◎ 莫高窟第 158 窟释迦牟尼涅槃像（中唐）

2. 壁画艺术

下面我想给大家说说壁画艺术。三国之后的六朝到唐代正是中国绘画艺术从发展走向辉煌的重要阶段，也是名家辈出的时代。可是现今国内外博物馆收藏的中国传世绘画，多为五代、宋以后的卷轴画，那些六朝到隋唐名家的作品基本消失了。而敦煌壁画却为我们保存了这个时期绘画的真迹，成为我们认识、研究六朝到隋唐时期绘画的珍贵资料。

下面我想举一些例子。十六国和北朝前期，也就是公元 6 世纪之前，壁画有西域和本土两种人物画风格。第 272 窟佛龛菩萨是早期的十六国的作品，一看就知道不是中国画，它是受到了西域的影响。画中人物比例比较适度，但是身子是扭曲的，面相丰圆，头戴宝冠，上身裸露，下面穿了裙，光着脚，明显表现了西域绘画的艺术特征。画像脸上看着像有个黑圈圈，实际上是变色了，原本是朱红色，表现脸部凹下去的地方。为什么要画得这么凹？就是要表现西域人立体的面部，但人物没有印度或西域那种丰乳细腰大臀的特征，达到了既符合儒家思想，又不违背外来佛教艺术模式的要求。

◎ 莫高窟第 285 窟菩萨画像（西魏）

我们再来看第 285 窟的壁画，它是公元 500 多年前后画的，人物形象完全变了，变成什么样了？他浑身穿着衣服，面貌特别清瘦，眉目开朗，嫣然而笑。身穿宽袍大袖，举止潇洒飘逸，用我们本土平涂的晕染画法画他的脸，不是像刚才那样的凹凸画，而是用平涂的染法来表现立体感。这个画有人考证过，说“顾得其神”，“陆得其骨”。顾就是东晋大画家顾恺之，他最善于画出人物的神韵。陆说的是南朝刘宋画家陆探微，他画的画比较清瘦，所

以叫“陆得其骨”。这幅壁画是顾恺之和陆探微的风格结合起来的——清瘦的、潇洒的、有神韵的这么个菩萨，脚上还穿鞋了。区别于西域来的菩萨的样子，这是我们中国画的菩萨。中国人是很聪明的，慢慢地就把外来的东西消化变成中国化的东西。

我再跟大家说说人物画。第 103 窟盛唐时期画的一幅画，叫《维摩诘经变》，这幅画最大的特点在线上。画中的维摩诘是个居士，别看他是个居士，他可是精通佛法，喜欢跟人辩论。怎么才能找人来辩论呢？装病。他装病，有人就会去“问疾”探望。你一旦去探望他，他就开始和你辩论。他坐在殿堂的帐内，身体往前倾，嘴巴微微开着，好像在跟人家说话。他哪里有病，神采奕奕，目光炯炯，就想和大家辩论。这幅画颜色用得很少，只在衣服上略施一点点颜色，主要靠线条表现，这个线遒劲挺拔而又富于变化，出神入化。能用线来表现他的神采，谁有这本事呢？是唐朝的“画圣”，叫吴道子。这幅壁画就具有唐代“画圣”吴道子一派的“吴带当风”的特色。

◎莫高窟第 103 窟维摩诘画像（盛唐）

◎莫高窟第 217 窟青绿山水画（盛唐）

下面看看山水画。为什么要给大家讲山水画？山水画是中国的独创，外国没有山水画这一说。那画景物的画叫什么？叫风景画，而且出现得比我们的要晚。唐朝的李思训和他儿子，创作了一种青绿山水画的风格，盛唐公元8世纪初第217窟描绘的青绿山水画就展现了这种风格。画中好多重重叠叠的山峦，蜿蜒曲折的河流从远处流下来。山上点缀着艳丽青翠的花木，这山里面有人，这些人是干什么的呢？是取宝的，越过崇山峻岭最后到这个城池。这样，就把春光明媚、春意盎然的季节里一个山水的意境给呈现出来了。

3. 敦煌莫高窟的建筑画

下面咱们讲讲建筑画。前面我们讲了《观无量寿经变》，这个壁画中间的释迦牟尼旁边、后面的佛殿前面，有楼，有中台，旁边有碑阁。我们仔细看它的局部图可以看到，碑阁里有一个碑，碑是歌功颂德，或者画一些事物的。旁边的建筑的细节也很丰富，楼上面有高高的顶，我们可以叫它钟楼，和它相对称的是经楼，藏佛经用的。钟楼上的和尚在敲钟，楼的顶是四个角，还有几个金属的链条，跟四个角相连，上头小小的是经铃，风一吹“叮叮当、叮叮当”地响。高高的台子有花砖，柱子、斗拱全能看见。古人真是非常细致，把这个古建筑画得太好了。唐代的木结构建筑我们现在几乎没有留下，所以我们很多搞古建筑的人，看到这幅画都走不动了。

敦煌壁画还保存着许多唐代以及唐代以前的古建筑形象资料，如有城市、宫殿、寺庙、佛塔、民居、桥梁等众多建筑类型，向我们揭示了中国成组的古建筑平面布局的特点，即左右对称的沿中轴布置的特点。我们还能看到很多复杂的建筑构件的细节，填补了建筑实例缺失的空白。

◎莫高窟第 217 窟寺庙建筑局部图（盛唐）

4. 墙壁上的博物馆

下面我们再说说墙壁上的博物馆。墙壁上画的东西多极了，古代的时候为了弘扬佛教思想，引导人们信佛，让信徒们既能看得懂，也能听得懂，就通过具体的现实生活场景和具体形象来教化人们。于是在壁画中就展现了多种多样的社会生活场面，反映了各个时代丰富的经济生活、社会生活、精神生活，内容十分广泛。这里只能略举数例。比如农业方面有耕地、收割、打场图，以及各种农业工具；牧业有捕猎、狩猎；手工业有打铁、酿酒、制陶、纺纱织布；等等。

像商业，我们看第 85 窟壁画上的肉铺，肉铺里面屠夫在切肉，下面的狗馋死了，老想去吃。第 108 窟画的酒肆，就是咱们说的饭店、酒店。类似的商铺还有制酥的、奶制品加工的，等等。根据藏经洞的文献，古代敦煌有十几、二十个手工业的行业。

再看看军事。第 12 窟的壁画画着战争场景。画中一水相隔，两国对垒，双方骑兵列队出战。城楼下有人在击鼓，战士们冲出去，全身披挂，携带武器上阵，有奋勇厮杀的，有坠马的，也有掉在河里的，还有逃跑的，活脱脱的一个古战场就呈现出来了。

再看乐舞艺术。反弹琵琶就不用我说了吧？这个人一个脚抬起来，一个脚在打拍子，背上背了一个琵琶在弹。旁边还有一个乐队，有打击乐，有笛子，还有拨浪鼓，还有阮弦和琵琶。古人的琵琶不是竖着弹的，而是横着弹的。

壁画中还有演杂技、结婚、育儿、教育、洁齿、谈情说

◎莫高窟第 85 窟肉铺（晚唐）

◎莫高窟第 12 窟战争场景（中唐）

◎莫高窟第 112 窟反弹琵琶舞乐（中唐）

爱等各种民俗风情和生活场景，堪称墙壁上的博物馆、百科全书式的壁画。

四、藏经洞——古代文化典籍的宝藏

藏经洞是 1900 年 6 月 22 日发现的，现在我们给它编了个号：第 17 窟。这里出土了公元 5 世纪到 11 世纪初的文献、文物数万件。绝大多数是手写的写本，还有少量印刷的印本。内容主要有宗教典籍和文献、社会官私文书、“经史子集”四部书，以及绢画、刺绣等文物。藏经洞出土文物是极其珍贵的文化宝藏，发现之后震动了世界。

莫高窟藏经洞大发现
震动了世界

藏经洞里面有什么内容？我跟大家稍微说一下。一是宗教典籍。藏经洞里90%是佛教典籍，很多是之前失传的。大家都知道禅宗，禅宗的第六代传人叫慧能，慧能在广东一个地方讲了《六祖坛经》。《六祖坛经》有很多版本，藏经洞里这个版本是最好的版本。还有数百件中国土生土长道教的典籍。这里怎么有道教典籍呢？唐太宗他们信道教，所以这里有《老子道德经》等一些道教的经典。除此之外，还有外来的宗教文献。比如用汉文写的来自波斯的景教文献《景教三威蒙度赞》，是景教徒举行宗教仪式时唱颂的赞美诗；摩尼教的《摩尼光佛教法仪略》，是其教徒奉唐玄宗之命介绍此教起源、教主著作、教团组织、核心教义的解释性文献。还有公元前6世纪到公元5世纪，由古代波斯人创立的祆教的女神图像等。

二是儒家经典。比如《周易》，这个就不用我多说了，《周易》既是周代的占卜书，又是阐述中国哲学思想的经典。还有《论语·述而篇》，大家可能都很熟悉，是记载孔子和弟子言行的经典。

三是历史地理文献。比如《史记》，《史记》是司马迁所著的中国第一部纪传体通史。比如地理书《沙州都督府图经》，敦煌在唐代叫沙州，这里记载了敦煌的河流、水渠、道路、学校、祠庙、名胜古迹等等，是研究唐代敦煌地理的重要资料。

四是科技文献。比如天文，有唐代的《全天星图》。从十二月开始，按照每月太阳位置的所在，分十二段，把赤道带附近的星星画下来。因为星星位置都在动，所以每个月都要把它记下来，一共记了1348颗星。在唐代的时候，能记那么多星还是很了不起的。中国的天文学起源很早，战国的时候已经有天文学了。

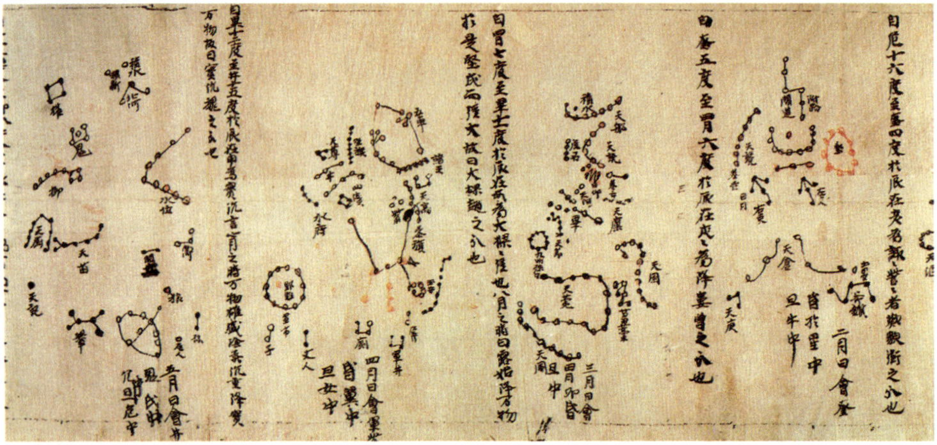

◎ 藏经洞出土的《全天星图》

再说说医学，中国的医学也就是中医，很厉害。隋书、唐书里都有医学的记载，非常可惜到了宋代的时候弄没了。我们藏经洞还给它保存着，有一些完全可以恢复原貌。比如说《灸法图》，上面画着光着身子的人，他身上的点点就是穴位，穴位旁边写出来的字就是穴位名称，图中间的字就是解说得了什么病、病的名字，和怎么用穴位、用哪个穴位来治这个病。很多中医把这个当宝贝拿去研究了。

还有印刷，印刷术是中国发明的，最早是雕版印刷，后来有活字印刷。我们这里没发现汉字的活字印刷，可发现过西夏文的活字印刷。藏经洞发现了雕版印刷的《金刚般若波罗蜜经》，制作于唐咸通九年，也就是公元 868 年。它被斯坦因掠到英国了，在英国的国家图书馆，我看见过它。它长 488 厘米，快 5 米了，高 30 厘米多一点。它扉页上画了佛，画了十几个人，还有狮子，佛前面和桌子前面摆了很多器具。印版刻得特别细，刻画非常精美，雕法非常娴熟，墨用得非常匀称，说明我们这个技术在当时已经是非常成熟。

五是文学典籍。藏经洞里有传统的文学作品，比如大家都知道《诗经》是中国最早的诗歌总集，这里有唐代的抄本。还有南朝梁昭明太子萧统，把各种类型的文学作品汇在一起，叫《文选》，藏经洞里也有。除了传统文学作品，更重要的是藏经洞还发现了许多通俗读物的写本。古人不叫它们通俗读物，叫变文、讲经文。比如《大目犍连变文》，它讲的是释迦牟尼一个弟子的母亲不信佛，到了地狱里，最后怎么把她救出来的故事。藏经洞发现的这些通俗文学，给中国文学史研究提供了极其重要的资料，受到学术界的高度重视。

◎ 藏经洞发现的雕版印刷《金刚般若波罗蜜经》

六是法律文书。包括唐代的律、令、格、式。律、令、格、式是唐代法制的主要内容，也是中国古代法制的核心。它上承战国、秦汉、魏晋南北朝和隋代的法制，并有所发展，臻于成熟完备；下开启宋、元、明、清的法制。敦煌写本中保存的《唐律》和《唐律疏议》的写本也最多，这些律本原件也是我们研究《唐律》形成演变的主要证据，补充了唐代文献的不明记载。

七是官私文书，即各种官方和私家文书。比如《张君义勋告》，是唐代官府授予张君义等 263 名立功战士勋官的任命书。张君义是敦煌人，是个白丁，也就是老百姓，可他到新疆去当兵的时间很长，所以要嘉奖他。怎么嘉奖呢？给他一个荣誉的官位。字迹怎么那么潦草？因为这是抄本，跟他的尸体放在一起，这是代表他的荣誉啊，真本可能被他家里人藏起来了。这种就是官方文书。再比如《塑匠都料赵僧子典儿契》，就是一个私人的文书。这个赵僧子很会塑像，但是他们家的用水设施坏了，他没钱修，就把儿子典给别人，所以写了这个契约。上面约定把儿子典给人家，多长时间，人家可以怎么处理他，但是不能杀他，什么时候需要把钱给人家，把儿子换回来。藏经洞发现的这些官方和私家文书是非常珍贵的原始的社会史料。

八是非汉文文献。咱们常说中外结合、交汇互鉴，我们这里有好多非汉文的文献。有粟特文的《善恶因果经》，粟特文是中亚使用的文字。有回鹘文，写的是佛经祈祷文。有吐蕃文，也就是古藏文写的《吐蕃赞普世系谱》。有印度的梵文，悉昙字的《般若心经》。实际上远远不止这 4 种文字，还有于阗文、突厥文、希伯来文等，藏经洞里都有，这才是中外交流。

九是刺绣和绢画。比如绢画《引路菩萨》，表现的是引路菩萨把死人的灵魂引到西天。还有刺绣《凉州瑞像》，这个高 241 厘米、宽 160

厘米的巨幅刺绣也流落海外，目前在英国，现在看还是很漂亮。

我把藏经洞的内容给大家介绍了，最后要说，遗憾的是，清朝末年的黑暗年代里藏经洞文物得不到保护，有四分之三以上被西方列强劫掠而走，流散到国外，比如英国、法国。法国的探险队是伯希和带来的，伯希和懂中文，不需要人翻译，他挑走的东西最精致，质量最高。还有俄国的奥登堡，日本人也来盗过……这些东西到了外国也就散了，10余个国家的30多个博物馆、图书馆有敦煌藏经洞的文物。我国好多地方，光是甘肃就有8个地方的博物馆、图书馆收藏了藏经洞文献。正因为这些文物散出去了，外国来的这些专家回去之后就进行研究，于是在世界上诞生了以敦煌藏经洞出土文献和莫高窟艺术为研究对象的“敦煌学”。世界10多个国家的一些学者都在从事敦煌学研究，它成为国际汉学中的显学。我国第一个说敦煌学的是陈寅恪。藏经洞太可惜了！实际上它所涉相当广泛，历史、地理、政治、军事、医学，什么都有，内容无限丰富，所以敦煌学的范围就很广。我刚才说了那么多，就是想让大家知道它的博大精深。

五、华戎所交一都会

史书上说，敦煌是“华戎所交，一都会也”。就是说，敦煌是中外交往、中外交流、中外融合的国际都市。古代的敦煌以汉晋文化为基础，也就是以中原文化为基础，以开放包容的姿态广泛吸纳外来文化。莫高窟的石窟艺术、藏经洞的出土文献，保存了许多反映吸纳古代欧亚文明的材料。

我想先说说中亚对我们的影响。莫高窟第158窟有一幅描述世人以为释迦牟尼死了，各国国王、王子来举哀的图。这个画里有中国皇帝，有东方东亚艺术，但也有好多中亚艺术。

◎莫高窟第 158 窟各国王子举哀图（中唐）

再看看第 220 窟公元 642 年画的壁画。舞者在这个小圆地毯上跳的什么舞啊？胡旋舞。中亚有昭武九姓，其中有姓石的、姓康的、姓曹的，据说康国的女子最善于跳胡旋舞，跳的时候一转，你只看见头发披巾，看不见人，多好看啊！她踩了个圆毯子，还不能跳出这个圆毯子。这就是中亚的康国女子在跳胡

◎莫高窟第 220 窟胡旋舞（初唐）

旋舞。

再说说印度对我们的影响。前面说过，莫高窟早期中心塔柱窟的建筑形制受印度支提窟，即覆钵式佛塔建筑的影响。支提窟，它也是一个塔，但是它的形状是往下倒扣的一个碗，我们把它改造成中国式的、方形的、楼阁式的塔。再说壁画，比如第 332 窟东壁南侧的壁画，画中人物猛地一看，他好像没穿衣服。实际上他穿了，穿了纱的衣服。如果我们看看印度风格的阿弥陀佛的佛像，看他们笈多时期的马图拉风格，会发现也是这样，衣服贴在身上，好像裸体似的。再看我们第 285 窟，画着一个有象鼻子的神，这也是印度的，印度石窟里的毗那夜迦天。这个象鼻子的是什么神？财神。但是到了我们这变了，成了守护佛教的神。除此之外，还有大量佛教译经，也是来自南亚印度的影响。

还有西亚的波斯文化。在第 285 窟骑马武士图上，人穿了盔甲，马也戴了盔甲，从马头、马脖子、马胸、马身体到马屁股，全部用盔甲来保护，画得非常像幼发拉底河畔的安息帝国，也就是波斯第二帝国的穿着铠甲的马的样子。大家刚才看到的跳胡旋舞用的地毯，是波斯、伊朗擅长制作的。据文献记载，他们经常向中国的皇帝进贡这些毯子。

◎ 莫高窟第 332 窟印度笈多风格的阿弥陀佛像（初唐）

再看第 200 窟画的玻璃碗。中国也有玻璃，但中国的玻璃是不透明的，波斯、罗马这些地方的玻璃器是透明的，因为用的材料不一样。洞窟里画的镶边的圆形磨花的玻璃碗，与在伊朗出土的贴饼圈足玻璃碗和波斯 4 世纪到 6 世纪的棱形磨花玻璃碗很相似。除了壁画，还有在北区发现的卑路斯 B 式银币、叙利亚文圣经的《旧约 · 诗篇》等，这些都是来自西亚的波斯文化。

还有希腊文化。莫高窟最早的洞窟里面就画了希腊的爱奥尼亚柱式。双卷

◎ 莫高窟第 285 窟毗那夜迦天（西魏）

的柱头就叫爱奥尼亚式的柱式，上面细、下面粗一点。它怎么出现在敦煌的呢？随着亚历山大东征，希腊文化影响扩散到中亚，很多地方建了希腊式建筑，又影响到了敦煌。

还有前面提到的北凉时候的第 275 窟的交脚菩萨，一边一个狮子，与罗马的

◎ 莫高窟第 275 窟狮子座上的弥勒菩萨
（北凉）

◎莫高窟第 61 窟五台山图（五代）

一个坐在狮子座上的女神很相像。这是罗马时期，可能先传到印度，印度再传过来的，所以我们最早的一批洞窟中就有这种狮子座上的交脚坐菩萨。

再看看东亚。公元 10 世纪的大型壁画中国著名佛教圣地五台山图，位于莫高窟第 61 窟。各位都知道，五台山图上名堂多得很，山水、烧香的场景、好多建筑、河流，等等。我要告诉大家的是，这个图上明确描绘了新罗王塔、新罗送供使、高丽王使的形象。新罗是朝鲜的三国时代，说明朝鲜和我们有密切的关系，慢慢影响到壁画里面。

总之，莫高窟和藏经洞是丝绸之路上留下的多元文明荟萃交融的文化艺术宝藏。

六、敦煌莫高窟的现代文化角色

我稍微说点历史。16世纪中叶，明朝政府封闭了嘉峪关。嘉峪关以西只留下明朝的军队驻守，关外人民到嘉峪关以东去，于是一千年来守护这些莫高窟洞窟的后代也只能走了。在此后的400年，这个地方没人管，任人破坏，有的人把它当羊圈，有的在里面做饭，有的在里面睡觉。你们去翻翻老照片，真的要哭的，真是破败一片。后来又来了外国人，掠走了我们藏经洞的宝贝。这400年就是这样过来的。

1941年中秋节，当时的国民政府监察院院长于右任来到这儿，张大千招待了他，他看了洞，还作诗写词。1942年初他写了个提案，建议把莫高窟收回国家管，要建立机构。所以1943年，国民政府就派了7位官员，加上一些画家，来筹备成立敦煌艺术研究所。1944年，“国立敦煌艺术研究所”正式成立。成立时把常书鸿留下了，常书鸿去招了一些人，比如董希文，《开国大典》就是他画的，还有一些有名的画家。来了敦煌以后，常书鸿就把重庆的房子处理了，等于是破釜沉舟，下定决心在敦煌，夫人也来，女儿、儿子也来。

到了抗战胜利，以常书鸿、段文杰为代表的老一辈先生，他们不是找不到工作，他们热爱敦煌莫高窟，远离城市，扎根大漠戈壁，艰苦创业。常书鸿当时来的时候，莫高窟一片破败，每个洞的门都没有了。他们住在破庙里，第一顿饭是拉面，盐都没有，倒点醋，也没筷子，这就是当时的条件。所以我说他们是筚路蓝缕，为我们后人打下了基础。

新中国成立以后，敦煌艺术研究所改名为敦煌文物研究所，受到了党和国家的高度重视，制定了“保护、研究、弘扬”的工作方针。

大家知道，20世纪60年代初是闹灾荒、饿肚子的，国家财政特别困难。当时周总理亲自签字，拨了100多万元的巨款，这钱拿来干什么？实施了大规模加固修复工程，把濒危的、要塌了要倒了的地方进行加固，莫高窟南区的危崖和有

◎ 20 世纪 60 年代敦煌莫高窟南区危崖加固工程完成前后对照

危险的洞窟得到了妥善保护，这才有我们现在看到的南区这个形象。后来文化部还引进国外的专家和先进的修复技术，来推动莫高窟壁画的抢救性保护。

特别是改革开放之后，甘肃省委、省政府高瞻远瞩，认为原来的研究所太小了。这么繁重的保护、研究、弘扬任务，这么小的一个研究所，就40来个人，能干什么？所以他们决定将它扩建为敦煌研究院，扩大了编制，当时是1984年，300人。扩建后增加了部门，汇聚了人才，改善了条件。这个地方原来没电，没自来水，就是因为这么一扩大，城里也盖了房了。原本孩子没法上学，在城里盖了房子以后，这些职工在城里住，在这儿上班，我们有上下班车，就解决了孩子上学问题。

与此同时，敦煌莫高窟被国家推荐，经联合国教科文组织世界遗产委员会批准，列入世界文化遗产名录，这些都为敦煌研究院迈入国际合作，为莫高窟实现保护、研究、弘扬的全面快速发展提供了大好机遇。我们通过和美国、日本、英国、澳大利亚等国家的交流合作，以及在合作中的学习，吸纳了国际文化遗产保护和利用的先进理念、先进技术、先进管理经验，促使我们的保护、研究、弘扬和管理得到了长足进步，进入了一个崭新的阶段。

在甘肃省政府支持下，我们起草了《甘肃敦煌莫高窟保护条例》专项法规，经甘肃省人大常委会制定颁布实施。后来，我们又制订了《敦煌莫高窟保护总体规划（2006—2025）》。这样就把莫高窟世界文化遗产的科学保护与管理推上了法制化、规范化的轨道，形成了严格依据相关法律法规，依据专项条例和规划进行遗产保护管理的规范。

我们需要保护好敦煌的壁画。敦煌的壁画面临着起甲、酥碱、脱落等等问题。那么怎么办呢？过去抢救，并不明白为什么病了，也不知道怎么治，现在建立了科学的保护技术体系，抢救保护了大量珍贵的壁

◎ 莫高窟崖顶风沙防治

画，真实、完整地保护了莫高窟。除了保护莫高窟壁画的本体以外，还保护了周围的环境。我们进一步学习风险管理理论，初步建立起预警监测的预防性保护科学技术体系。这个预防保护涉及面就多了，外面的气候、昆虫的病害、洪水等等都要监测。为什么呢？有了测量得出来的数据，我们就可以及时去治理这些问题。我们建立了预防性的保护体系，不仅我们有了，我们还向外辐射，很多省请我们，科技部依托我们成立“国家古代壁画与土遗址保护工程技术研究中心”，我们国家其他地方的壁画，我们也要去保护。我们现在跟十几个省市的遗址，包括西藏、新疆、青海、甘肃等很多地方合作，我们的保护越来越精准。

敦煌处在甘肃省地震带的边缘，历史上地震过，把好多洞窟震掉了，那么现在可能还会有地震，地震了怎么办？另外壁画本身会退化，怎么办？为了永久保存、永续利用莫高窟壁画和彩塑的珍贵价值和信息，我们采用了数字技术。20 世纪 80 年代末，我们为保护提供了数字化技术，能精确了解壁画怎样在变化。当年常书鸿来时，没有别的办法，连照相机都没有，所以就只能用临摹。临摹起稿太麻烦了，现在我们提供数字化的数据，放在玻璃板上很快就做出来了。我是搞考古的，考古要测量，我们也用数字化的技术，测量出来很准确。

前面说了保护，我们再说说敦煌学研究。敦煌学研究原来主要方式是临摹，还有很少的一点石窟内容考证和分期断代。改革开放以后敦煌研究院部门扩大了，我们对石窟考古、石窟艺术、敦煌文献、历史地理、民族宗教、非汉文文字等方面都进行研究，产生了一批有影响力的学术研究成果，出了很多套书。我们还办了一份得过中国出版政府奖的《敦煌研究》杂志，已经 200 多期了，国内外都特别欣赏这个杂志。

再说说弘扬。我们以弘扬中华优秀传统文化为己任，为了更好地服务社会、服务游客，进行了不断探索。原来就是讲解员拿着个手电筒给游客讲，后来一看苗头不行，我说要改，不能光看洞。我们建立莫高窟数字展示中心，形成了新的模式，叫“总量控制、线上预约、数字展示、洞窟参观”。这个新模式出来以后，就能更好地展示、传播莫高窟的文化价值和内涵，使来莫高窟参观的游客对敦煌艺术的价值有更好的体验。

我们还要往外宣传。我们用这个数字化资源多次举办敦煌艺术展览。我们出去办展览，洞窟搬不出来吧？只能用临本。临本要多少车皮呢？以前敦煌办展览，把模型拆下来，用 5 个火车车皮运到北京搭起来。现在不需要了，口袋里装一个数字化设备，就到国外好多地方去办展览，我们去过好多国家。还有数字敦煌进校园。现在办法多得很，新媒体、融媒体，太多了。你们可能在电视或手机上看见，敦煌老在这儿“玩”，一会儿这样、一会儿那样，全国上线，全球上线。我们不收钱，搞公益，在网上公布莫高窟洞窟数字图像，还上线“云

◎ 莫高窟数字展示中心

◎ 数字敦煌网站

游敦煌”小程序等。现在我们可以充分利用数字化来弘扬中华优秀传统文化，使国内外更多人可以上网看我们的优秀洞窟，能共享我们的敦煌艺术，把中华优秀传统文化的代表——敦煌莫高窟，介绍到全国，介绍到全世界，成为中国的金色名片。

敦煌研究院对莫高窟的保护管理和旅游开放的创新发展，与国际水平相比，我们开头是跟着人家跑，后来是并着跑，现在提升到部分领域领跑的局面，得到游客的普遍认可，也得到了联合国教科文组织的肯定和表彰。2010 年在巴西召开的世界遗产委员会第 34 届会议，将敦煌莫高窟的保护管理、旅游开放经验作为典型案例，向各国世界遗产地传播，附件文本指出：“莫高窟以非凡的远见展示了有效的遗产地旅游管理方法，以保护遗产地的价值，树立了一个极具意义的典范形象。”我们得到了联合国教科文组织多次表彰，还给我们颁发了奖状。

敦煌研究院成立 80 年来，在党和国家的高度重视和支持下，一代一代的莫高窟人凭借着“坚守大漠、甘于奉献、勇于担当、开拓进取”的莫高精神，开创了敦煌模式，铸就了敦煌质量品牌，把敦煌研究院建成了世界上敦煌学研究的最大实体。以敦煌石窟为代表的“中国特色·敦煌经验”文物保护模式已经基本形成，并逐步走向国际。这就是现代的敦煌文化角色。

上面的介绍比较简单，可能挂一漏万，但足以证明莫高窟是一座博大精深、兼收并蓄、绚丽多彩、独具特色，又取之不尽、用之不竭的世界文化艺术宝库。它对传承弘扬中华优秀传统文化和丝路精神，彰显中华民族博采众长的文化自信，具有重要意义。

习近平总书记在敦煌研究院座谈时的讲话

今天，我们要更努力地保护敦煌莫高窟和藏

经洞文物，深入研究、发掘、阐释、传承、弘扬它的价值和内涵，为建设中华民族现代文明提供丰厚滋养，使它为推动中华文化繁荣兴盛，为实现中华民族伟大复兴贡献力量，绽放出更加灿烂的光彩。

（供图单位：敦煌研究院）

交融互鉴

云冈文化的多元与融合

杭　侃

云冈研究院院长、北京大学考古文博学院教授

2020年11月，国务院办公厅发布《关于加强石窟寺保护利用工作的指导意见》，指出：“我国石窟寺分布广泛、规模宏大、体系完整，集建筑、雕塑、壁画、书法等艺术于一体，充分体现了中华民族的审美追求、价值理念、文化精神。”

云冈石窟1961年被国务院公布为第一批全国重点文物保护单位，2001年被列入世界文化遗产名录。云冈石窟是北魏政权在公元439年统一中国北方地区，丝绸之路得以重新畅通的情况下开凿的，是公元5世纪中国雕刻艺术的典范，对后来的石窟寺产生了重要的影响。2020年5月11日，习近平总书记在云冈石窟

云冈石窟

考察时指出："云冈石窟是世界文化遗产，保护好云冈石窟，不仅具有中国意义，而且具有世界意义。""要深入挖掘云冈石窟蕴含的各民族交往交流交融的历史内涵，增强中华民族共同体意识。"

一、大美云冈

云冈石窟位于大同古城的西边 16 公里的武州山南麓，窟前有武州川（又称"十里河"）流过，北魏郦道元在《水经注》里面记载石窟前"武州川水又东南流"。这里是通往内蒙古的一个要塞，古称"武州塞"。大同在北纬 40 度附近，又在 400 毫米等降水量线上，这个地带属于农牧交错带，许多民族在此交往交流交融，留下了丰富的考古资源。

“大同”和“云冈”，名字都特别好听。在云冈石窟的上面，有一个军事小堡垒，属于长城防御体系的一部分，明代称为云冈堡。这也是现在云冈名字的由来。

云冈石窟开凿始于北魏文成帝和平初年（460年），距今已有1500多年的历史，开凿过程历经70年之久。云冈石窟依山开凿，规模恢弘、气势雄浑，东西绵延约1公里，主要洞窟45座，大小窟龛200多个，造像5.9万

◎ 云冈石窟全景旧照

◎ 云冈石窟全景

◎ 云冈石窟第 20 窟

余尊。

云冈石窟给人以强烈的视觉震撼。云冈第 20 窟是标志性的云冈大佛，13 米多高，人站在它边上显得十分渺小。但实际上它并不是云冈最高的佛像，云冈最高的像超过 17 米。当时古人就评价云冈石窟“真容巨壮，世法所稀”，“穷诸巧丽”，“骇动人神”，等等。比如，郦道元在其名著《水经注》的“瀔水”条记载：“凿石开山，因岩结构，真容巨壮，世法所稀，山堂水殿，烟寺相望，林渊锦镜，缀目新眺。”

北魏历史有几个重要节点，公元439年就是其中一个。当年，北魏的第三个皇帝太武帝拓跋焘，结束了从西晋以来十六国分裂割据的局面，重新统一了中国北方，使北中国地区全部的人力、物力和财力得以汇聚，为云冈石窟的建造奠定了基础。

在这种情况下开凿的云冈石窟，很自然地就成为北魏统治范围内新造石窟所参照的典型，中国佛教考古学创建者宿白先生将其概括为“云冈模式”，并认为“东自辽宁义县万佛堂石窟，西迄陕、甘、宁各地的北魏石窟，无不有云冈模式的踪迹，甚至远处河西走廊、开窟历史早于云冈的敦煌莫高窟亦不例外”。因此，

◎ 云冈石窟第5、6窟前的木结构楼阁

云冈石窟在东方早期石窟中占有极重要的地位，“对它的研究在很大程度上成了研究东方早期石窟的关键，对它研究的深入与否，直接影响一大批石窟的研究工作”。也就是说，云冈石窟成为当时的一个样板，只有研究清楚这个样板，才能把其他的石窟研究清楚。

云冈石窟的开凿是北魏王朝平城时代的国家工程。为什么要开凿云冈石窟呢？从统治者角度来说，经历了西晋之后五胡入华的纷乱局面，他们认为佛教可以“助王政之禁律，益仁智之善性”，“王政”就是统治，“禁律”就是统治的秩序。从僧人的角度来说，他们知道“不依人主则法事难举”。北魏世俗与宗教相结合得很密切，北魏政权通过“令沙门辅导民俗”，在思想上起到了凝聚社会共识的作用。当时造像上面有“发愿文题记”，也就是记载什么人、为什么要发愿造这个像。在造像题记上，可以看到僧人引导民众礼佛的场景，这些场景描绘了民众通过信仰佛教的“邑社”被组织到一起，将血缘关系进一步发展为地缘关系的过程。这种信仰活动对北魏统治的稳定、中国中古社会的发展起到了重要的作用。

二、北魏平城：中外文化交流的要地

云冈石窟是中外文化交流碰撞的产物。要理解云冈文化的多元，需要先了解当时的北魏国都平城（今大同）在中外文化交流中的重要地位。公元 398 年，北魏道武帝拓跋珪建都平城，开启了北魏平城时代的大幕，今天的大同成了北魏平城时代丝绸之路的起点。

《北史·西域传》叙述西方国家方位的时候，都是采用相对方位的表述，比如某某国“去代多少里”，就是距离“代”有多少里的意思。北魏建立的政权早期称为“代”，即使建立北魏政权之后，仍多沿用旧称。比如疏勒国，“去代

◎ 大同文瀛路北魏壁画墓胡人与骆驼形象

一万一千二百五十里。高宗末，其王遣使送释迦牟尼佛袈裟一，长二丈余”。又比如乌孙国，它“居赤古城”，在“龟兹西北”，“去代一万八千里”。这个乌孙国经常被柔然所侵，后来西迁到葱岭山中，无城郭，随水草而居。“(北魏）太延三年，遣使者董琬等使其国，后每使朝贡。”可以看出丝绸之路是双向交通——既有外国的使节东来，也有我们的使节西去，在今天的巴基斯坦，我们还可以看到北魏使者出使的时候在路边写的题记。

公元 439 年，北魏消灭了建都于甘肃武威的北凉政权，重新统一北方地区，结束了西晋之后长期分裂的格局，迎来了“百国千城，莫不款附”的局面。大同地区出土过很多外国遗物，而且到现在还不断有考古的新发现。1970 年，在大同市城南轴承厂北魏窖藏发现了具有浓厚西亚甚至东罗马风格的葡萄童子纹鎏金高足杯、刻花碗、八曲长杯，这是因为丝绸之路畅通之后，平城当时就有很多外国使节、商人、工匠。

《北史·西域传》记载，善于经商的中亚粟特商人原来“多诣凉土贩货，及魏克姑臧（凉州）悉见虏。文成初，粟特王遣使请赎之。诏听焉”。在凉州，也就是现在的甘肃武威，这些商人常在那里进行贸易，“及魏克姑臧，悉见虏”。“魏”指北魏，“克”是攻克，也就是说，公元439年，在北魏统一北方地区的过程中，这些商人们被俘虏了，被俘虏以后就迁到了平城。文成帝初年，也就是公元452年时，粟特王知道还有那么多的臣民在北魏首都生活，于是就请求文成帝放他们回去。文成帝也非常友好，就让这些中亚商人回国了。从这个故事中，大家就能知道大同出土外国遗物的背景。

文化的交流丰富了华夏民族的物质文化，甚至促进了相关技术的产生。玻璃器是国外的发明，在中国古代曾经非常珍视从西方来的玻璃器。大同在以往的考

◎北魏玻璃器（大同博物馆藏）

古工作中也曾发现来自西方的玻璃器，比如1988年大同南郊北魏墓地出土的磨花玻璃碗，一看就知道它是外国的器物。

但有意思的是，大同还出土了一些本地制造的北魏玻璃器，从原料到色彩、造型都具有北魏特色，尤其是其中的蓝色玻璃器，甚至被称为“北魏蓝”。这些蓝色的玻璃器无论是色泽、成分还是器型，和以往的来自西方的玻璃器都有本质的差别。《魏书·西域传》里面记载，“世祖（太武帝）时，其国（中亚的大月氏人）商贩京师（做生意来到京师），自云能铸石为五色琉璃，于是采矿于山中，即京师铸之”。“京师”就是平城，也就是今天的大同；“采矿于山中”，肯定是在平城附近的山中。“既成，光泽乃美于西方来者。乃诏为行殿，容百余人，光色映彻，观者见之，莫不惊骇，以为神明所作。自此，国中琉璃遂贱，人不复珍之。”光泽比西方来的还好，这是不是文献里的夸张之词？现在的研究表明，“光泽乃美于西方来者”实际上一点都不夸张，我们可以看到这些器物上有明显的反光，就像贝壳在太阳底下的光，这是因为这些玻璃器里面含铅。中国古代玻璃含铅的成分比较多，国外玻璃含钠成分比较多，铅容易带来更好的光泽，所以恰恰证明“光泽乃美于西方来者”不是溢美之词，它也证明了当时我们确实国产了一大批玻璃器。

在北魏平城，除了有来自各国的外交使节外，还有不少胡人定居，包括官僚、商人、僧人以及工匠、伎乐等。大家关注一下的话，可以看到大同地区出土了很多相关的遗物，像北魏墓群出土的胡俑，包括壁画上的胡人与骆驼等形象，这里不一一列举。在大同天镇县还发现49枚波斯银币，其中有37枚系萨珊王朝卑路斯时期所铸，1枚系阿卡德时期所铸，另1枚为嚈哒仿卑路斯制品，年代皆属北魏平城时代后期，这是当时丝绸之路国际贸易最直观的反映。

◎ 大同雁北师院北魏墓群出土的胡俑

三、民族融合的摇篮

丝绸之路繁荣的背后是平城实力的集聚。云冈石窟是当时的国家工程，而且可以说是超大型的国家工程，若北魏王朝没有相当的实力，是无法开凿、支撑如此巨大的工程的。宿白先生统计了文献里的记载，自北魏建都平城之年起，凡是从被北魏灭亡的各个政权区域内强制迁徙，以及从南北战场俘获的人口、财物，主要都集中到平城及其附近。“集中的数字是庞大的，就人口而言，最保守的估计，也要在百万人以上。”如今的大同地区也就是300多万人，而在北魏平城时代，大同地区就聚集了百万以上的人口，而且这些人都是从经济文化最发达的地方汇聚来的。根据宿白先生的统计，“被强制徙出的地点如山东六州、关中长安、河西凉州、东北和龙（即龙城）和东方的青齐，都是当时北中国经济、文化最发达的地方。迁移的同时，还特别注意对人才、伎巧的搜求”。

这里我们列举两个跟石窟直接有关的考古发现，从中可以看出当时迁徙规模有多大。其一是乙弗莫瓌（guī）墓，以及乙弗莫瓌的故事。乙弗部落是十六国时期在我国北方活动的众多少数民族部落之一。最初游牧于蒙古草原的右北平（治今内蒙古宁城县西南）至辽东一带，他们不断西迁，后来到了青海湖一带，逐步与当地的民族融合，并在公元 395 年前后建立了一个政权——乙弗勿敌国。乙弗勿敌国于公元 429 年被吐谷浑所并，后来北魏攻打吐谷浑，被吐谷浑吞并的乙弗部落渠帅（指部落首领）乙弗匹知降魏，把他的儿子乙弗莫瓌送来平城当质子，其实是扣押一个人质在平城。乙弗莫瓌非常能干，据《魏书》记载，“瓌便弓马，善射，手格猛兽，膂力过人。数从征伐，甚见信待”。所以得到北魏太武帝拓跋焘的赏识，把女儿上谷公主嫁给他，封他为镇南将军、驸马都尉，赐爵西平公。后来乙弗莫瓌跟随太武帝南征，表现骁勇，被授侍中、征东将军、仪同三司、定州刺史，进爵为西平王。乙弗莫瓌去世时年仅 29 岁，推测可能是战死的。我们如今在大同博物馆能看到乙弗莫瓌墓出土的随葬兵马俑，和分馆展出的乙弗莫瓌墓的墓砖。

自乙弗莫瓌开始，乙弗家族四代人均娶北魏公主为妻，其中他的孙子乙弗瑗，娶北魏孝文帝元宏第四女淮阳长公主元氏为妻，其女儿即为著名的乙弗皇后。正光六年（525 年），16 岁的乙弗氏嫁给了北魏皇室、舅舅京兆王元愉之子元宝炬，元宝炬就是后来西魏王朝的文帝。在北魏分裂成东西魏之后，乙弗皇后就随之成为西魏皇后。当时在蒙古高原上柔然的实力强大，对东西魏形成很大的威胁。面对柔然的压力，西魏想了一个歪招，就是把乙弗皇后给废掉，迎娶柔然公主。乙弗皇后被废之后，就随着她的儿子在甘肃东部任职，后来乙弗皇后在进一步的压力之下被赐死，赐死以后葬在麦积山。有的学者认为，现在的麦积山第 43 窟便是最初安葬乙弗氏的“寂陵”，而旁边第 44 窟是武都王因怀念母亲而开凿，其主佛形象就是仿照乙弗氏而塑造的。

我再举一个例子，是 2015 年公布的大同全家湾邢合姜墓。这个墓出土了 39 块石椁及内部石棺床残件，经过考古人员修复，将残件拼合成一座基本完整的石椁。什么是石椁？就是一个石房子，用来存放尸骨。类似的石椁并不是第一次发现，但是它的特别之处在于石椁的四壁及顶部有释迦多宝、七佛、供养人、飞天等佛教题材的壁画，布局很完整，而且有彩绘。一些学者认为其描绘的是一座完整的佛殿，根据墓葬中出土的纪年墓碑可以知道，墓主的丈夫来自幽州，叫韩受洛拔，从名字看不是汉族。韩受洛拔的妻子叫邢合姜，从长安那边来，是长安冯翊郡万年县人。两个人都是典型的移民。

邢合姜葬于北魏皇兴三年（469 年），云冈石窟开凿是公元 460 年，所以这座墓葬壁画绘制的佛像，学者们会很自然地把它们和云冈进行一些类比。壁画中描绘的比较丰壮的形体与云冈石窟造像较为近似，但所绘图像也有许多并未见于云冈石窟，表现出更多的文化因素。正是因为当时的平城汇聚了来自北魏各地的人力、物力和财力，加之广泛的中外文化交流，最终造就了真容巨壮的云冈艺术。

四、云冈石窟：集天下之大成

云冈的石窟呈现出有阶段性的、比较明显的变化，研究者将它作了三个分期。

云冈的第一期石窟由昙曜（yào）主持开凿。《魏书·释老志》中记载："和平初（和平为北魏文成帝的年号，和平初即公元 460 年），昙曜白帝，于京城西武州塞，凿山石壁，开窟五所，镌建佛像各一。高者七十尺，次六十尺，雕饰奇伟，冠于一世。"这五个窟共同的特点是椭圆形的平面、穹窿顶，造像是三世佛（过去、现在和未来），主像形体高大，占据窟内主要位置和空间。这五座洞窟就是现在编号 16、17、18、19、20 的昙曜五窟，它们是为道武、明元、太武、景穆、文成五位皇帝雕刻的五座大像窟，

云冈石窟的佛像为什么要修这么高？

◎ 云冈石窟第 18 窟主像释迦牟尼佛立像（高 15.5 米）

◎ 云冈石窟第 19 窟主像结跏趺坐（高 16.8 米）

造像雄浑大气，可以视为当时一个蓬勃向上的民族的精神写照。

标志性的云冈露天大佛是在第 20 窟。它的原状应该和其他的 4 座洞窟一样，开窟的时候上面就有一个明窗，下面有一个窟门，石窟是由上而下一层一层开凿的，明窗和窟门既是因为工程的需要，也可以兼顾洞窟采光。所以，它的前面原本都应该有明窗和窟门。但是第 20 窟的大佛现在是露天的了，相关学术问题就有很多，比如第 20 窟是什么时候塌的？我个人研究觉得第 20 窟是在开凿的过程当中就坍塌了，当然坍塌之后会有后期的修补。昙曜五窟是主像占据窟内大部分空间的大像窟，里面并没有太多的礼佛空间，所以当时的礼佛空间应该是在外面的。这样就能理解为什么第一期洞窟的明窗很大，甚至比窟门大；而第一、二、三期石窟都有带明窗和窟门的洞窟，但是它们大小比例每一期都不一样。这些都是非常有趣的问题。

云冈石窟的雕刻细部有很多特别吸引人的地方。比如我们看第 19 窟主要看主像，其实有一尊小沙弥非常可爱，但一般的观众看不到，因为小沙弥在第 19 窟的前壁，我们从外面一般看不到这尊像。

昙曜五窟是大像窟，主要出于表现帝王形象的需要。《大金西京武州山重修大石窟寺碑》（这块金代的碑现在仅存碑文）上面说，为什么要开凿这个石窟？这是因为“物之坚者莫如石，石之大者莫如山”。开凿石窟可以上接天、下接地，开凿出来的大像可以“与天地而同久，虑远而功大矣”。碑文还专门对比了一下不同形式的佛教艺术：“与夫范金、合土、刻木、绘丝者，岂可同日而语哉！”意思是，跟金铜像、泥塑、刻木、绘丝等相比，雄伟的石窟不可同日而语！

◎ 云冈石窟第 19 窟南壁小沙弥像

云冈石窟本身就是中外文化交流的结晶，昙曜五窟里我们随处可以看到相关的例子。云冈石窟第 18 窟主像两侧有十位弟子的群像，他们相貌、神态各异，具有西方人种的显著特征。尤其是东壁北侧的位置，有一个僧人正在仰望，这个石像只剩下头部。通过他的头部，大家都可以看得出来，他有很强的欧罗巴人种的特征。昙曜五窟的造像融合了中亚的犍陀罗艺术和印度本土的马图拉艺术风格，其创作的艺术成分本来就是多元的。当时来往于平城时代丝绸之路的人，除了商人、使节，自然也少不了舍身传法的僧人。在《魏书 · 释老志》中曾记载，公元 455 年，也就

© 云冈石窟第 18 窟弟子像

是太安元年，有“师子国胡沙门邪奢遗多、浮陀难提等五人，奉佛像三，到京都”。师子国就是现在印度以南的斯里兰卡，他们带着佛像来到京师，又“备历西域诸国”，一路上来到了平城。所以云冈石窟当时有外国的图样，有立体的参考形象，这些都是很正常的。甚至还

云冈石窟用交流和互鉴
展现中华文化自信之美

有外国工匠，这也是很正常的。

云冈石窟中受到西方艺术影响的，非止一处。1933年9月，梁思成、林徽因、刘敦桢、莫宗江几位营造学社的专家专程调查云冈石窟，他们后来发表的《云冈石窟中所表现的北魏建筑》里面列举了非常多的具体实例，论证了云冈石窟受到国外的影响，存在着多方面的外来文化因素。因为他们主要是搞建筑，关注最多的是建筑方面。他们指出："柱部分显然得外国影响的，散见各处"，比如希腊的爱奥尼亚柱式、印度元宝式的柱式、波斯带着两个兽头的柱式。

他们注意到云冈石窟艺术当中的装饰纹样——云冈石窟雕刻纹样种类非常多，但是"十之八九，为外国传入的"。比如回折的卷草，就是现在说的忍冬纹，其实是来自西方的，而且是西方非常重要的装饰纹样，关于它西方艺术史的研究者有许多重要的研究成果。云冈石窟中大量出现的莲花、忍冬、联珠等纹样，与殷周秦汉金石上的花纹相比大异其趣。所以梁思成等先生认为，"观察后代中国所熟见的装饰花纹，则此种外来的影响势力范围极广"。

梁思成先生不仅从建筑的角度研究云冈石窟，还从中外文化交流的角度指出了云冈石窟的重要性："这时期因佛教的传布，中国艺术固有的血脉中，忽然渗杂旺而有力的外来影响，为可重视。且西域所传入的影响，其根苗可远推至希腊古典的渊源，中间经过复杂的途径，迤逦波斯，蔓延印度，更推迁至西域诸族，又由南北两路犍陀罗及西藏以达中国。这种不同文化的交流濡染，为历史上最有趣的现象，而云冈石刻便是这种现象，极明晰的实证之一种，自然也就是近代治史者所最珍视的材料了。"

五、云冈石窟开启石窟艺术中国化的进程

云冈石窟第二期洞窟主要开凿于孝文帝和冯太后统治时期，与第一期相比，为帝王造像的思想没有变化，但在洞窟形制、造像题材、造像风格等方面却发生了很大变化。

初唐高僧道宣，他非常有名，影响非常大，写了好几本书，在《续高僧传》中给昙曜作了一个传，涉及云冈石窟时说：云冈石窟“龛之大者，举高十余丈，可受三千许人，面别镌像，穷诸巧丽，龛别异状，骇

◎ 云冈石窟第 10 窟前室北壁

动人神，栉比相连三十余里”。云冈石窟中，最对得上“穷诸巧丽”“骇动人神”的，应该是云冈的第二期洞窟。

云冈第二期洞窟主要开凿于北魏孝文帝和冯太后执政起至迁都洛阳之前。主要石窟有5组，其中第1、2窟，5、6窟，7、8窟，9、10窟，都是形制规模相近，内容构图一致，开凿时间统一的“双窟”。孝文帝在延兴元年（471年）继位的时候只有5岁，所以，历史上所称的孝文帝改革，有许多措施是孝文帝和他的祖母文明太皇太后冯氏共同倡导的，时称孝文和冯氏为“二圣”。云冈石窟第二期洞窟出现这种特殊形制的“双窟”，当是这一历史事实在石窟艺术中的体现。所以，虽然云冈第二期石窟与第一期石窟在洞窟形制、艺术形象、题材内容方面都有变化，出现了一种雍容华贵、雕饰绮丽的风格，但通过佛教艺术体现古代皇权的思想却是一脉相承的。

第二期造像主要集中在云冈中部和东部，这一期的石窟平面多为方形，多具前后室，有的窟中部雕有中心塔柱，还有的在后壁开凿隧道式礼拜道。窟顶不再是穹窿式样的，而是平顶，并且在顶上雕刻出华美的平棋。壁面以壁龛为主，龛的分布有上下重龛、左右对称式和屋形龛等，这是中国汉魏以来传统壁画的布置格局。这一期的造像题材呈现多样化的态势，并出现了世俗供养人的行列。供养人的服装，早期还是鲜卑夹领小袖式的游牧民族服装，晚期供养人则穿上了汉式宽博的衣服。这种变化出现在北魏太和十三年前后，是北魏王朝提倡“胡人汉服”的结果，造像整体上的风格日渐清秀。重层布局的壁面和分栏长卷式浮雕画面，以及窟口崖面上雕饰斗拱的窟檐外貌，重层楼阁式的高塔和耸立中庭下具龟趺的丰碑，也体现出中国汉式殿堂的传统形式。画面附榜题，龛尾饰龙、雀、博山炉、兽面装饰等，更是汉地所常见。题材突出释迦牟尼，主像有三世佛、佛装交脚弥勒，还

◎ 云冈石窟第 3 窟西壁菩萨

◎ 云冈石窟第 8 窟后室南壁明窗西侧露齿供养菩萨

有依据《法华经》雕出的释迦牟尼、多宝佛和依据《维摩诘经》雕出的维摩、文殊对坐像，以及修持“法华三昧观”所要求的本生、佛传浮雕和七佛、供养天人等，说明这个时期汉化的趋势发展迅速。

云冈石窟第二期造像开启了石窟艺术大规模中国化的进程。如果说第一期可以看到很多犍陀罗、马图拉艺术的影响，第二期就可以看到很多中国的传统因素进入了石窟中。正如梁思成等先生所阐释的那样，石窟艺术虽然源自西方，“但观其结果，在建筑上并未动摇中国基本结构。在雕刻上只强烈地触动了中国雕刻艺术的新创造——其精神、气魄、格调，根本保持着中国固有的”。

比如第 12 窟，里面有很多非常生动的乐舞形象，所以被称为“音乐窟”。这个洞窟，我们经过了精确的数字测绘，已经用 3D 技术等比例打印出来，在深圳博物馆参与了一个大型展览。看完第 20 窟那种大像窟再来看这个洞窟，会给人一种截然不同的观感。第 12 窟就是一种满壁雕，“穷诸巧丽”的雕法，我们熟悉汉画像就知道，中国传统绘画就是这样一层一层地构图。

每次去看这个窟，大家都会关注中间打响哨的人。因为旁边的这些伎乐天都拿着各种各样的乐器，有中国传统的，有外来的，只有他手上没拿乐器，又打着响哨，有的人就认为他是乐队的指挥。

洞窟里还有乐队？
带你感受不一样的音乐盛典

◎ 云冈石窟第 12 窟前室顶部（中新社记者　武俊杰 / 摄）

◎ 云冈石窟第 6 窟后室和中心柱局部

云冈石窟开启了石窟艺术大规模中国化，这个过程中例子非常多。比如第 6 窟，维摩与文殊像的庑殿顶建筑以及两边中国传统楼阁式的塔；释迦多宝对坐说法像穿的衣服不再是第 20 窟那种袒右式袈裟，而是穿上了汉式的服装，这种变化和北魏政权提倡服制改革是有密切关系的。第 6 窟可以充分体现我们前面说的“穷诸巧丽”的一面：满壁都是雕刻，用了各种技法，有高浮雕，有浅雕，有的近似圆雕，还有镂空雕，还有大大小小的佛像。对于这个洞窟，我们请了很多测绘专家来帮助做数字化的测绘方案，但是现在测绘方案还没有敲定，就是因为它太过于复杂了。如果这个洞窟能测下来的话，全国石窟的数字化测绘工作从技术上就应该都没有问题了。

◎ 云冈石窟第 6 窟释迦多宝对坐说法

◎ 云冈石窟第 5 窟外壁雕像

简单地对比一下第 20 窟和第 6 窟的造像，就知道第一期和第二期从样式、窟形到题材内容，都发生了很大变化。王国维先生在《古雅之在美学上之位置》里把美分成“宏壮”与“优美”两种，我觉得在审美角度上，可以用这两个分类来概括云冈第一期和第二期的美。第一期的美是一种雄壮的美、气势的美，是蓬勃向上的民族的精神写照，充满了自信。云冈的第二期造像，我觉得体现的是“优美”。

如果给第二期的“优美”挑一张插图的话，我会挑云冈第 5 窟外壁的一尊雕像。我的微信头像就是这个雕像，云冈最美的佛像，好多年前看到它就将它设置为头像，没想到我后来就到云冈来工作了。

李泽厚先生在经典名作《美的历程》中把佛教艺术划分了几个时期，他认为水平最高的是北魏时期。我觉得云冈石窟的三期造像各有其美，从第一期昙曜五窟的“宏壮”，到第二期的“优美”“穷诸巧丽”，再到第三期的“秀骨清像”，人物清瘦俊美，云冈艺术在不断消化、吸收、融合中进行创新。

云冈石窟的第三期洞窟主要分布于第 20 窟以西，开凿于北魏迁都洛阳之后。北魏迁都洛阳后，平城仍然是北方地区的重镇，文献中称为“北台”，这里还有一批留守的官员，第三期洞窟主要是这些官员发愿开凿的。云冈第三期工程并未衰落，和第一、二期相比，只是没有开凿大型窟室而已。第三期窟室式样变化多，成为云冈窟室式样最繁杂的阶

◎ 云冈石窟第 39 窟的塔形中心柱

段。比如，第 38 窟开凿于北魏延昌至正光年间，洞窟虽小，但题材丰富、雕刻精美、构图紧凑，窟门上方有 300 余字的吴天恩造窟记。第 39 窟，在中间有一个五层仿木结构的塔形中心柱，成为研究建筑史的珍贵材料。像近代意义上的“重新发现云冈”的日本学者伊东忠太就把这个石窟的建筑样式跟奈良的建筑作对比，梁思成先生做调查的时候也是把五重塔和奈良的五重塔进行细节对比。北魏时期的木构建筑现已不存，如此立体、形象的仿木结构五层塔是非常难得的。

六、云冈石窟的保护

我们除了研究云冈，还要对云冈所产生的广泛影响进行研究，这也同样构成云冈学的研究内容。关于云冈石窟的广泛影响，我也举两个例子。

一个例子是《魏书·释老志》中，讲龙门石窟的开凿背景时说："景明初，世宗（孝文帝之子宣武帝）诏大长秋卿白整准代京灵岩寺石窟，于洛南伊阙山，为高祖、文昭皇太后营石窟二所。初建之始，窟顶去地三百一十尺。至正始二年中，始出斩山二十三丈。至大长秋卿王质，谓斩山太高，费功难就，奏求下移就平，去地一百尺，南北一百四十尺。永平中，中尹刘腾奏为世宗复造石窟一，凡为三所。"

从这段文献可以明确知道，宣武帝要为孝文帝和文昭皇太后祈福，而开凿的洞窟原来是准备"准代京灵岩寺"的。"准"就是仿造，"代京"就是大同，"灵岩寺"就是云冈，这个是云冈模式很直接的影响。

再举一个例子，甘肃泾川王母宫石窟被称为云冈第 6 窟的"升级版"。在以前的调查中，大家看到了王母宫石窟里面的一个大象，所以很形象地把这个石窟称为"象洞"，这个大象的形象同样来源于云冈第 6 窟中心柱上角部的大象。这都是云冈模式广泛影响的具体写照。

习近平总书记到云冈石窟考察时曾强调："历史文化遗产是不可再生、不可替代的宝贵资源，要始终把保护放在第一位。发展旅游要以保护为前提，不能过度商业化，让旅游成为人们感悟中华文化、增强文化自信的过程。"云冈石窟的保护工程，从新中国成立后就开始进行。1973 年周恩来总理陪同法国蓬皮杜总统参观云冈，提出要在三年之内完成云冈石窟的危岩体加固工程。我们把危岩体加固的工作都做完了，这才能够让大家看到云冈石窟现在的面貌。但是，危岩体加固工作完成之后，云冈石窟的日常维护工作依

《"十四五"旅游业发展规划》

◎ 云冈石窟第 6 窟中心柱

然繁重。风化、冻融、渗水等问题，加上人类活动造成的自然环境改变，都使这座有着 1500 多年历史的石窟面临诸多保护上的问题，而这也再次凸显了云冈石窟保护的紧迫性和必要性。

前两年，我们对第 39 窟刚进行过维修。进入维修工地里面，一定会要求戴

◎ 云冈石窟景区

安全帽，这是工地的规范。但是当业务人员或其他专家学者进第 39 窟参观，到最高一层时，我们都要求他们把帽子摘下来。为什么？就是因为安全帽上面的空间，我们有时候估计不到。在上面去看 39 窟的窟顶，可以用“触目惊心”来形容，很多地方都是粉化了的。所以我们到那的时候，都是要把安全帽摘下来，然后蹲下来。可以说，我们现在的保护工作压力不是轻了，而是更大了。好解决的问题我们都解决了，现在难解决的是风化、冻融、渗水等问题。面对广大人民群众的参观热情和石窟保护的各种问题，我们要始终坚持保护第一，发挥好云冈石窟作为世界遗产的价值，实现好文化遗产的代际传承。

云冈石窟是中外文化交流、碰撞、融合诞生的伟大艺术宝库，其背后是一部厚重的中华文明演进史、民族融合发展史和劳动人民创造史。保护好云冈石窟是我们的职责，更是历史使命。为了留住云冈石窟的风貌，研究人员积极开展文物数字化建设，让沉睡的文化遗产“活”起来。未来，我们将在加强保护的基础上，不断探索文物活化利用的有效途径，让中华优秀传统文化焕发出更加蓬勃的生机与活力。

《关于加强文物保护利用改革的若干意见》

（供图单位：云冈研究院）

故宫博物院

巍巍大成

故宫文化的历史根脉与时代价值

王旭东

文化和旅游部党组成员、故宫博物院院长

2023 年 6 月 2 日，习近平总书记在出席文化传承发展座谈会时发表重要讲话，强调在新的起点上继续推动文化繁荣、建设文化强国、建设中华民族现代文明，是我们在新时代新的文化使命。要坚定文化自信、担当使命、奋发有为，共同努力创造属于我们这个时代的新文化，建设中华民族现代文明。

故宫作为世界文化遗产，是中华五千多年文明的承载者、中华优秀传统文化的汇聚地、多元文化交流融合的见证者，其独特的物质文化遗存，充分彰显了中华文明突出的连续性、创新性、统一性、包容性、和平性。

世界遗产——故宫

一、六百多年的宫殿，五千多年的中华文明

故宫，这座坐落在首都北京核心区的、明清两代的皇家宫殿，是中国古代宫殿建筑的集大成者，也是我们古代劳动人民的智慧创造。这座宫殿不仅体现了我们的文化传统，也体现了中国人在自身发展过程中，在处理人与自然、人与社会关系过程中积累的智慧。

谈故宫，我们需要真正认识故宫。几乎没有中国人不知道故宫，但是大家能够分得清紫禁城、故宫和故宫博物院的区别吗？“紫禁城”是指明清两代的皇家宫殿建筑，这一称呼自明清沿用至今。它建成于1420年，距今已有六百余年历史。明清两代共有24位皇帝居住于此，1912年清王朝灭亡后，紫禁城作为皇宫的历史就此终结。当紫禁城不再作为皇宫使用，这里就成为了“故宫”，也就是过去的皇宫。我国的故宫不止北京故宫一座，还有沈阳故宫、南京故宫等，台北“故宫”不算故宫，因为那里不是“过去的皇宫”，只是个博物馆。现在人们提到故宫，一般是指北京故宫。而“故宫博物院”则是在紫禁城及其文物收藏的基础上建立起来的大型综合性博物馆，于1925年正式开放，已有近百年的历史。可是，这座六百余年的宫城建筑，近一百年的现代博物馆，我们为什么说它是中华五千年文明的承载者呢？

追溯故宫历史
不止是600年的紫禁城！

其一，紫禁城是中国古代宫殿建筑的集大成者，其营建理念沿袭古制，集中体现了中华文明中严整均衡的礼制传统和延绵不绝的中和理念。

紫禁城的营建，可追溯到《周礼·考工记》《吕氏春秋》等古代文献所记载的“辨方正位”“择中立宫”“面朝后市”“左祖右社”等一系列都城、宫殿营建的悠久传统。所以我们今天看到的紫禁城，是有传承的，它不是突然冒出来的。选首都，要选在能更好管理国家的地方。都城是首都的中心，一定是与整个的自

◎ 故宫博物院外景

然环境相融合的。通过明三都的比较，能看出来它在一个时代的传承。明朝建立以后，首先是在朱元璋家乡（今安徽凤阳）建一个皇宫，就是明中都，但还没有建成，都城就迁至南京。等到朱棣当皇帝的时候，开始迁都北京。迁都北京有深刻的历史和现实意义，当明朝推翻元朝的统治之后，如何实现国家的稳定统一，在选择新的都城时是非常有讲究的。在北京建成都城后，可以控制更远的区域。从明三都的传承过程中，可以看到它是一脉相承的。

◎ 礼制等级之制 · 屋顶形式（天津大学建筑学院制图）

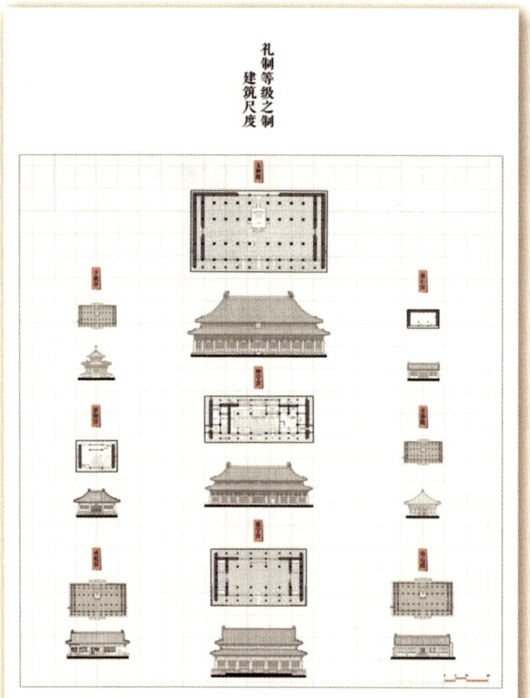

◎ 礼制等级之制 · 建筑尺度（天津大学建筑学院制图）

明代的北京紫禁城格局和今天的格局大体一致，只是里面有的建筑有所增减或调整，但完全符合中国古代“三朝五门”的规制。比如“前朝后寝”，前朝上朝治政、举行典礼，后寝是皇帝和皇后、妃子、太后、皇子等生活的区域；再如“左祖右社”，左前侧设太庙，右前侧设社稷坛；等等。这些都是古代都城营建思想的完整体现。

紫禁城的工程建设，完全符合中华文化的三大核心，也就是道、礼、和。所谓的道，就是认识了自然的规律，认识了社会的规律，认识了人自身发展的规律。认识这些规律之后，就要有一个规则来规范人与自然、人与社会、人与自身，制定一些规矩来使人类社会的发展能够稳步向前推进。当我们从景山、从空中俯瞰紫禁城的时候，它是背山向水的，这也是中国人认识自然、与自然和谐共生的理念表达。原来是没有景山的，为什么要建景山？就是为了“背山”。“背山”，过去被当成迷信去理解，其实这个山可以挡住北方的寒冷。今天从环境学的角度来看是非常科学的，因为北方的冬天非常寒冷，北风凛冽。“向水”，水是流动的，内金水河从紫禁城的西北角流入，然后从东南角流出，这个水是源源不断的象征。在认识自然的过程中，中国的古人是非常高明的。

“礼”是礼节仪式与行为规范，在宫殿建筑群中也有独到的表达。我们可以通过建筑的规模、尺度、形式等等，判断建筑的礼制等级。在故宫，太和殿等级最高，其次是中和殿、保和殿，然后就是乾清宫、交泰殿、坤宁宫等后寝居所。

我们来看前三殿体现的“和”思想。今天的太和殿，在明代始建时叫奉天殿，清代改成了太和殿，然后依次是中和殿、保和殿。为什么要改成太和殿、中和殿、保和殿呢？我们知道，满族是东北的一个少数民族，它推翻了明王朝。它从一开始的武力征服，最终走向用文化来管理这个国家，让多民族能够融合、能够团结，建立了一个统一的多民族国家。满族进入中原之前就是崇尚汉文化、学习汉文化的，抓住了汉文化非常重要的核心——道、礼、和，以“和”把多民族融合起来。

◎ 太和殿

◎ 中和殿

◎ 保和殿

“和”的最高境界就是“太和”，即我们与自然的和谐共生是至关重要的，或者说是极端重要的。这个思想不是满族人总结出来的，而是要推溯到老子、孔子那个时候，推溯到《周易》所说的“保合大和”，甚至还要再往前推。人与自然的和谐，这是最高的“和”，要把它把握住。

到了中和殿，“中和”就是人与社会的和谐。每个人都是社会人，人性的变化是很微小的，我们的科学技术发展得非常迅速，但人还是那个人。从“允执厥中”的匾额也可以看到，这是《尚书》里的，“人心惟危，道心惟微，惟精惟一，允执厥中”。古人认识到人心是非常危险的，道心就是天道，人道是很微妙的，只有一心一意去追求它、去认识它，才能达到“中”的境界。

到了保和殿，“保和”就是人自身身心的和谐。这个和谐，是要认识到与天的和谐、与人之间的和谐之后，最终要自身和谐。人不能达到一个内心的和谐，这是非常危险的。自己都不能找到一个和谐的状态，怎么跟人打交道，怎么认识人与自然的关系？

所以，这三个“和”是相辅相成的。人类总是向往和追求“国泰民安”“政通人和”。中国人的哲学思想就是要建立一个和谐的社会。

到了后宫，乾清宫、交泰殿、坤宁宫等，则把《周易》的思想体现出来了。明代这样，清代还是这样。天地是对立的，阴阳是对立的，男女是对立的，这个世界就是矛盾对立统一的过程。我们的古人说，遇到矛盾不能回避，天地相交视为泰，阴阳相交达到和谐状态。乾清宫、交泰殿、坤宁宫这些建筑的名称，都体现了中华文化非常重要的核心理念。

乾清宫是康熙之前皇帝的寝宫，但从雍正皇帝开始，中轴线西侧的养心殿成了处理朝政非常重要的地方。从养心殿里的匾额和对联，我们可以看出，作为一位皇帝他是怎么通过中华传统文化形成自己管理国家的思想，然后去治理国家。我们看“中正仁和”，管理国家不中正仁和是无法统治的，这不是皇帝想出来的，而是从经典里传承过来的。再看“勤政亲贤”，皇帝也得提醒自己要勤勉，管理

◎ 乾清宫

这么大的国家不容易，自己首先要勤勉；同时，要亲贤，汇天下英才而用之，把合适的人才放在合适的岗位。

养心殿里还有一间皇帝的小书房，叫作“三希堂”。大家总以为皇帝的卧室和书房都是很大的，其实非常小。关于“三希”有两种解释，一种是有三希宝物；另一种就是“士希贤、贤希圣、圣希天”，三者都有追求，我们是向贤人看齐，贤人向圣人看齐，圣人要问天道，也就是抓住规律，这也是从传统经典里来的。我倾向于后一种。

其二，紫禁城是多元一体的建筑集群，建筑类型包罗万象，充分体现出中华文化包容创新、海纳百川的万千气象。

紫禁城是统一的多民族国家形成的典型例证。除了汉族宫殿建筑之外，紫禁城中也有极具其他民族特色的建筑。比如坤宁宫的改建便是清初满汉文化融合的典型体现，无论是将大门位置由正中改为偏东，室内呈现为“口袋房”布局，还是在西侧开间内设西、南、北三面的“万字炕”，都是典型的满族建筑习俗。又如汉藏合璧的楼阁建筑——雨花阁，为宫中最具标志性的藏传佛教建筑，将汉式建筑与藏传佛教建筑风格完美地熔于一炉。宫中大量殿宇门楼的匾额皆是汉满双语书写，部分碑刻也是如此，慈宁门匾额更是由满、蒙、汉三种文字书写。

紫禁城充分体现出以儒家文化为主的多元文化的融合，呈现出中国各宗教信仰多元并存的和谐格局。紫禁城中除主体宫殿建筑群之外，还包含佛教建筑，如雨花阁、宝华殿、宝相楼、吉云楼、佛日楼、梵华楼等 40 多处佛堂；道教建筑，如钦安殿、玄穹宝殿等；此外，还有反映民间信仰和满族原始宗教信仰的城隍

◎ 多种文化碰撞下的故宫建筑

雨花阁

坤宁宫

城隍庙

庙、坤宁宫等。同时，紫禁城既是中国传统宫殿建筑的代表，也是中外建筑技艺交流融合的舞台。例如，武英殿院内西北部的浴德堂，是一座典型的中亚阿拉伯式穹顶建筑；乾隆花园的倦勤斋内，有结合西方焦点透视技法与中国绘画传统绘制而成的大型通景画，使人置身其中似幻似真；东六宫之一的延禧宫主庭院中，还保留着近代钢结构的西洋“水晶宫”式建筑遗迹——灵沼轩。

其三，存藏于故宫的 186 万多件的文物，跨越了上至新石器时代、下至宋元明清直至近现代的各个不同历史时期，连缀为一部不间断的物质文明史，展现了中华民族五千多年持续不断又灿烂多彩的物质生活和精神追求。

唐代韩滉的《五牛图》是目前所见最早作于纸上的绘画，以牛入画体现了农业古国以农为本的主导思想。乾隆十七年（1752 年），《五牛图》就曾作为生辰贺礼被呈奉给乾隆帝，乾隆特将此画收藏于西苑丰泽园的春耦斋中。清代末年，八国联军曾以西苑为驻地，《五牛图》可能在那时被掠走。50 多年后，因缘际会，《五牛图》于香港重现世间，经过多方奔走，这件名画作为韩滉的传世孤

本、为数寥寥的几件唐代纸绢绘画真迹之一，终于回到故宫。《五牛图》的流转过程浓缩了中华民族一段跌宕起伏的历史遭遇，其中深厚的家国情怀与深沉的历史意识，成为中华民族历经千难万险而走向复兴的精神支撑。

《五牛图》仅是故宫 186 万多件文物中的一例，此外更有新石器时期仰韶文化的彩陶钵、良渚文化的玉琮、龙山文化的黑陶罐，战国时期秦国石鼓，秦代秦始皇诏文权，汉代白玉凤纹环，晋代陆机的草隶《平复帖》，隋代展子虔的《游春图》，唐代阎立本的《步辇图》，五代顾闳中的《韩熙载夜宴图》，宋代玉云龙纹炉，等等。

这些文物的来源，一是历代皇家的收藏，就是靠皇家去收藏前朝的文物。这些文物，从新石器时期一直到宋元，都是代表中华文明核心思想的物质载体。二是从社会各个方面征集各类的文物，把它汇聚到宫里来，然后把文物承载的价值转化成和时代相结合的文化。三是

◎唐代韩滉的《五牛图》（上图）　五代顾闳中的《韩熙载夜宴图》（下图）

◎ 仰韶文化彩陶钵

◎ 宋代青玉黑斑云龙纹兽耳炉

◎ 二百卷《钦定四库全书总目》的首四卷

宫廷制作，它是最大的来源。皇帝及其周围的人有物质生活和精神生活，他们的物质生活和精神生活体现了一个非常高的层级。那么，他们的物质生活、这些物品从哪里来？还得靠来自全国各地的工匠去完成，比如宫殿室内铺地大量运用的“金砖”产自苏州，倦勤斋的内檐装修从选材到工艺都出自江南工匠之手。这体现的是我们不同地域的各种文化，不同工匠的智慧汇聚在宫里留下来，让我们今天可以看到这些精美的制作，也通过这些文物可以理解统治者的精神世界，他们的生命追求、他们对文化的理解，等等。此外，还有大量的君臣作品，以及明清编纂的《永乐大典》《四库全书》《古今图书集成》等大型文化工程和档案。

故宫 186 万多件文物从何而来?

在故宫，无论是从它的古建筑，还是从它的馆藏文物，我们都可以看到清晰的中华五千年文明传承发展的过程，也能够看到在这个历史的长河中，通过文化把不同的民族融合在一起、凝聚在一起，才建立起今天这样一个多民族的大一统的国家。我们从历史中走来，必须回望历史、铭记历史，这样才能观照现实、面向未来。

二、中华民族的文化符号，文明互鉴的实物见证

故宫是中华传统文化的重要符号，也是中国在世界舞台上最具标志性的象征之一。在紫禁城走过的六百多年历程中，它与世界的联系不曾中断。故宫博物院 186 万多件文物收藏中，就有大量的外国文物。故宫可以说是融通世界、文明互鉴的见证者。

在国际上，英国国家博物馆、美国大都会博物馆、法国卢浮宫博物馆等世界著名博物馆都收藏着大量来自世界各地的文物珍品。与它们不同的是，故宫的外国文物来源明确、脉络清晰，没有一件是掠夺而来的珍宝，绝大多数都是作为国与国之间和平友好交往的见证物而进入了明清皇宫收藏体系。

◎故宫收藏的部分外国文物

器物的交往广泛而普遍。故宫博物院收藏有中外钟表 1500 多件，制作年代从 18 世纪至 20 世纪初，其中既有英国、法国、瑞士等国的名家之作，也有清宫造办处、广州的精品，还有一些中西合璧的产物。中国宫廷里怎么有这么多“舶来品”钟表呢？最初，很多钟表是外国使团或组织带来的礼物，后来有相当一部分是清宫造办处自主制造的“御用钟”。明万历二十九年（1601 年），意大利传教士利玛窦首次将钟表作为礼物进献给万历皇帝，此后大量精美的钟表源源不断地进入明清两代宫廷。清代雍正皇帝不满足于单纯使用西方计时方法，要求工匠制造出能够报更的“更钟”，让钟表白天报时、夜间打更。在西洋人的帮助下，造办处的工匠们在钟表上增加了定更、调更等装置，制造出中国特有的更钟，使

◎ 故宫收藏的部分自鸣钟

其能够按一年之中二十四节气夜间长短的不同调整每一更的起讫时间，完美融合了西方机械装置技术与中国传统报时方式。

技艺的交往推动创新与发展。在中西方交流往来的过程中，中国匠人除了在上述钟表技术上的创新发展，在玻璃、瓷器等工艺方面也都获得长足进步。虽然最晚至周代晚期，中国已经有了原始的玻璃制作，但受到仿玉传统的影响，明清之际玻璃制品的纯净度仍然不高。喜爱西方透明玻璃的康熙皇帝乐于接受外来科学技术，于康熙三十五年（1696 年）请来德国传教士兼技师纪里安做技术指导，开设隶属于养心殿造办处的玻璃厂，开始制作宫廷御用玻璃器。所造玻璃器色彩绚丽、装饰典雅，既蕴涵了深厚的中国文化底蕴，又带有浓重的宫廷色彩，代表了清朝玻璃制造技术的最高水平。2023 年 4 月故宫博物院举办的“祥开万象：故宫与西藏文物联展”上，就有一件工艺精湛的白色透明六角纹玻璃渣斗，清代宫廷曾经将其作为礼物赏赐给西藏。

宫廷里玻璃作坊的建立，其实与西洋人向皇宫进献的望远镜有关。而从望远镜镜片的生产制作，又关联出眼镜在宫廷的制作与使用，尤其从后来的“玻璃作”还单独分出了“眼镜作”，由当时著名望远镜专家葡萄牙人苏霖专门负责。当时清宫对眼镜的需求量很大，像雍正皇帝就拥有几百副眼镜，不仅自己佩戴，还会赏赐给周围的人。在雍正皇帝工作和生活的不同宫殿，常常都会备上几副眼镜，以便他随时取用。

说完“舶来品”玻璃，再来说说我们本土的瓷器。中国瓷器远近闻名，最晚在唐代就开始大量出口海外。但是可能很多人都不知道，元代至明代早期生产的青花瓷，使用了一种进口染色剂，叫作“苏麻离青”。它的主要成分是氧化钴，原产自波斯，元代传入了中国，开始用于烧制青花瓷。到了明代，郑和下西洋后将大量的苏麻离青矿料带回中国，于是苏麻离青广泛用于烧制永乐、宣德两朝的青花官窑瓷器。后来国产青花颜料才渐渐替代苏麻离青，形成了有别于进口料的新风格。

人员的交往带来理解与认同。明末清初，越来越多的西方使节、传教士来到紫禁城。这些外国人士进入中国后入乡随俗，在衣食住行等方方面面积极适应、融入当时的社会生活。如在着装方面，他们会穿中式长袍，明代利玛窦刚到广州时是髡首袒肩的和尚形象，后来为了适应中国文化，又改成儒生形象；清代汤若望和南怀仁由于担任钦天监官职，在皇宫里会着正式官服。这些外国人在饮食起居方面，也会努力让自己拥有“中国胃”，尝试将米饭作为主食，适应中国菜品的烹饪方式，品尝未曾见过的水果和米酒。

从 1601 年意大利人利玛窦进京开始，连续 237 年，都有具有专业技能的西洋人为紫禁城服务，他们在皇宫中从事绘画、钟表、医药等方面的专业工作。清宫绘画作品中，就有不少出自西洋宫廷画家之手。在中西画师的交往过程中，欧洲焦点透视画法与中国笔墨风格相互融合，形成中西合璧的新画风。不同于中国的水墨写意，西洋画师郎世宁、贺清泰、潘廷章、王致诚等人画出的人物、花鸟、马匹、大象等，都逼真写实、栩栩如生。如《哨鹿图》《贲鹿图轴》《贡象马图卷》等，都是此类佳作。

不仅是在纸卷上，在紫禁城的建筑中，同样也留下了西洋画法的杰作。在乾隆花园的倦勤斋中，有一处室内装饰通景画，裱糊于室内墙壁，漫天的藤萝

◎ 清代郎世宁的《哨鹿图》

◎清代贺清泰的《贲鹿图轴》

花让人如置身室外，使整个小戏台区域摆脱了庄严单调的气氛，增添了烂漫色彩。虽然创作这里的通景画时郎世宁已经去世，但文献记载，他曾亲自在建福宫敬胜斋“画藤萝花”。这样看来，后来建造的与敬胜斋对应的倦勤斋藤萝花，就应该是当初郎世宁画作的翻版与复制了。倦勤斋室内装饰不仅体现出中西方艺术的融合创新，也反映出当时中国不同地域间交流往来的繁荣景象。倦勤斋的内檐装修，从选材到工艺都具有明显的江南风格，正是出自江南工匠之手，作为装饰镶嵌的玉石则很多是产自新疆的和田玉。

除了文化艺术，西方传教士还带来了当时先进的测绘技术，帮助康熙皇帝完成了《皇舆全览图》这样的国家地理测绘与地图绘制工程。康熙皇帝本人也对西方科学充满浓厚兴趣，请身边的传教士为自己讲授天文、地理、物理、化学、数学、解剖等学科知识。

好的交往一定是双向的互动，那些清代来华的外国人士又通过书信的方式，将中华文化传播到西方。这些书信在 18 世纪的欧洲公开出版，内容涉及中国的版图、物产、科技、制度、风俗、历史等方方面面，一度引起了西方的“中国热”。早在1670年，与康熙皇帝同时期的法国国王路易十四，就在凡尔赛建造了一座“中国宫”。此后，欧洲对中国建筑的仿造热情持续了一个多世纪。

故宫见证的不是单一文化形态的孤芳自赏，而是世界各国文化的交流融合。故宫承载的文化不仅是中国的，也是世界的，各国文化在此交流、交往、交融，中华文明在此与世界各文明交流互鉴、相得益彰。这种对世界文明兼收并蓄的开放胸怀，充分体现了中华文明的包容性与和平性，突出了中华文明不忘本来、吸收外来、面向未来的精神面貌。

三、曾经的皇家宫殿，人民的公共财产

现在，我们通过故宫博物院百年历程来看看，在新的时代我们如何去保护传承故宫承载的中华文明。清帝逊位后紫禁城何去何从，是摆在当时人们面前非常重要的一个议题。我们推翻了两千年的帝制，是把这座曾经的封建王朝的宫殿摧毁掉，还是怎么办？当时有不同思潮的碰撞。清帝逊位以后，和中华民国政府达成协议，前朝开放，后寝继续留给溥仪生活。随着古物陈列所所在的前朝的开放，人们可以走进曾经的皇家禁园。1923年，建福宫花园发生一场火灾，火灾的起因应该是太监偷拿建福宫花园的宝物出去变卖，溥仪知道了要严查，太监们就用一场大火毁灭罪证。溥仪一怒之下驱逐了大部分的太监，1924年溥仪也被赶出了紫禁城。之后很快成立了清室善后委员会，然后清点文物。

1925年10月10日故宫博物院成立，曾经的皇家禁园变成了“人民博物馆”。它不仅是那些封建皇帝的住所，也是中华文明的一个承载，应该保留，应该开放，应该让老百姓能够从中领略古代劳动人民的智慧创造。但是，故宫博物院前期的发展非常艰难，因为还是有各种思潮在不断对抗。1928年10月8日，公

布《故宫博物院理事会条例》，推举27人为理事会成员，汇聚了党、政、军、文化、宗教、教育等方面非常著名的人士，让故宫博物院走上了正轨，真正担负起研究、保护、传承故宫所承载的传统文化的使命。当时，首先是向公众开放。同时，把学术研究作为立院的根本，从一些高校聘请教授进入故宫博物院。后来担任故宫博物院第二任院长的马衡先生，早年就是北京大学教授。

这个时期，最重要的就是文物南迁。随着日本军国主义侵华的加深，故宫文物的安危被提上了议事日程。在这个过程中也有不同的声音，北京市民说故宫的文物走了，是不是就不管老百姓了？当时的争论非常激烈，甚至在报纸上争论，最终的结果还是决定文物南迁。这是国家行为，中华民国政府发的密令，由故宫的专业人员加上政府军队和老百姓一路的全力保护。迁到上海，上海不安全，又迁到南京，南京还不安全，就分三路继续向西。其中南路共80箱，转移到贵州；中路933箱，沿长江西迁，经宜昌、重庆到乐山；北路7287箱，经铁路到陕西，过秦岭后暂存成都，最后转迁峨眉。文物南迁，体现了我们中华民族文化史上的文化保护壮举。保护我们的文化根脉，这是非常伟大的一个事件。

1949年北平解放，中国共产党如何对待故宫这座宫殿及其文物呢？毛泽东同志在致电林彪、罗荣桓、聂荣臻的电报中，专门就保护北平文化古迹的问题作出指示，命令“积极准备攻城。此次攻城必须做出精密计划，力求避免破坏故宫、大学及其他著名而有重大价值的文化古迹”。大家看这段话，我们新中国的缔造者毛泽东同志对待故宫的态度，就是中国共产党人对待中华优秀传统文化的态度。

我们党接收在国民政府时期成立的故宫博物院，开始了全面的维修和保护。南迁的文物，有一部分被国民党带到了台北，在现在的台北故宫博物院，还有一部分留在了南京，大部分回到了北京。1961年，故宫成为第一批全国重点文物保护单位。“文化大革命”的十年，党中央全力保护故宫，一度关闭不开放，故宫文物没有受到任何的损害。

© 新中国成立初期重组故宫修缮队

1978 年，在前辈们故宫文化遗产保护技艺的基础上，故宫荣获“全国科学大会奖”，这是对故宫保护工作的高度肯定。1987 年，故宫成为中国的第一批世界文化遗产。从此，借着改革开放的东风，故宫的保护研究等工作步入了快车道。那个时期最重要的一项工程，就是建设文物库房。过去的文物都是在地面的建筑里保存，温度、湿度等没办法控制，对大气污染和尘土等也无法完全抵御。当时非常迫切的工作就是给文物找一个安全的家，建一个安全的家。一期、二期的文物库房，在 20 世纪 80 年代末提出，90 年代相继建成，绝大多数的珍贵文物都搬到了地下的文物库房。现在正在建三期的文物库房，地面库房条件也在逐步改善。未来还要建设北院区的文物库房。这样，大多数的珍贵文物都可以在一个相对稳定的环境中得到保存。

到了新世纪，故宫百年大修提上议程，正是中央决策全力推动，才让我们今天得以看到这样一个壮美的紫禁城。20 世纪 90 年代，故宫的很多建筑是破败的，环境也是比较差的。经过百年来最大规模的“故宫整体修缮保护工程”，加上 7 年的文物清点，再加上 2013 年启动的“平安故宫”工程，故宫博物院绝大多数的古建筑得到了妥善的保护，绝大多数的馆藏文物有了比较稳定的保存环境。我们是一个“故宫人”的大家庭，这个大家庭就是在百年的传承发展过程中形成的。

四、古代的智慧结晶，现代的源头活水

习近平总书记在文化传承发展座谈会上发表的重要讲话，对中华文化传承发展的一系列重大理论和现实问题作出全面系统深入阐述。他强调，中国文化源远流长，中华文明博大精深。只有全面深入了解中华文明的历史，才能更有效地推动中华优秀传统文化创造性转化、创新性发展，更有力地推进中国特色社会主义文化建设，建设中华民族现代文明。

今天的故宫人，接过前辈们的接力棒继续前行，也逐步形成了新时代的办院指导思想：以习近平新时代中国特色社会主义思想为指导，坚持“保护第一、加强管理、挖掘价值、有效利用、让文物活起来”的文物工作方针，真实完整地保护并负责任地传承弘扬故宫承载的中华优秀传统文化。以“平安故宫、学术故宫、数字故宫、活力故宫”建设为支撑，将故宫博物院建成国际一流博物馆，世界文化遗产保护的典范，文化和旅游融合的引领者，文明交流互鉴的中华文化会客厅。

《关于实施中华优秀传统文化传承发展工程的意见》

这个指导思想明确了故宫博物院的使命，以及履行使命的路径和措施。我们要通过一切先进的科技和

管理手段，通过“平安故宫、学术故宫、数字故宫、活力故宫”建设，推动故宫世界文化遗产保护利用工作高质量发展，实现遗产永久保存和永续传承。

“平安故宫”是最为基础和首要的任务。通过“平安故宫”建设，可以更好地落实“保护为主”的思想，充分利用科技和管理手段，真实完整地保护好故宫这份人类共有的文化遗产。“平安故宫”工程于 2013 年启动，历时 8 年。它以“故宫整体修缮保护工程”的成功实践为基础，是一个更为宏观的保护工程体系。“平安故宫”建设，要形成一个完整的、综合的安防管理系统，包括北院区的建设、

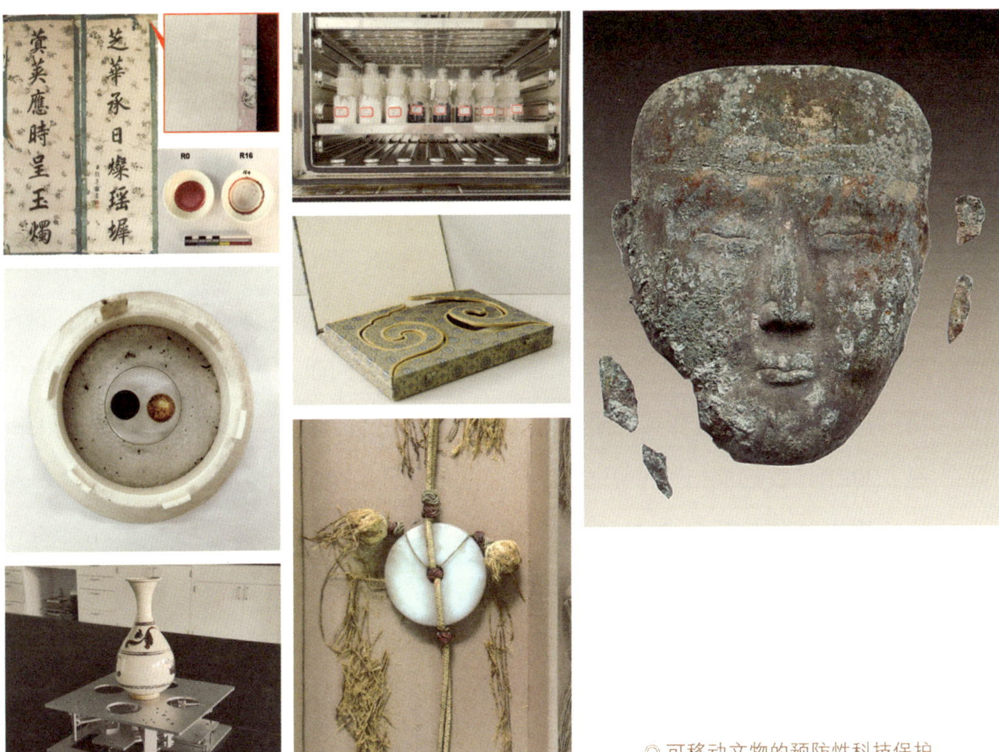

◎ 可移动文物的预防性科技保护

 地下文物库房的建设、基础设施的建设、世界文化遗产的监测、防震、文物的抢救性保护修复，等等。今天我们的安防体系已经逐步完善，但离这座文化遗产的价值所要求的体系还有一定距离，还要不断努力。我们现在已经从抢救性保护，进入到预防性保护和抢救性保护相结合的阶段。不可移动文物的预防性保护，首先是对文物环境展开监测，包括对自然环境、社会环境的监测。然后在这个基础上，制定一系列的预防性措施，对不可移动文物进行风险识别与保护。通过先进的技术、多学科的技术，服务于我们的预防性保护。可移动文物也一样，要用先进的技术对这些文物的价值进行认知，在这个基础上，对它的保存现状再进行认知，然后提出预防性保护措施。“平安故宫”是基础，没有了安全的、稳定的文物保护，其他工作便无从谈起。“皮之不存，毛将焉附。”文物的价值承载于物质载体，载体没了，价值也就随之消失了。

“学术故宫”是核心。为什么“学术故宫”是核心？因为我们要通过“学术故宫”建设，通过不同的学科全方位地挖掘这些文物承载的历史、艺术、科学、文化和时代价值。故宫博物院建院之初，我们就是学术立院。今天，我们更是以一种开放的心态来推动故宫的古建、文物藏品、档案等历史文化的研究。目前，有一大批的学术成果已经出版。我们还需要建设一些学术交流的平台、学术发表的平台、人才培养的平台，让更多的人能够汇聚到故宫博物院这个学术研究的大家庭中来。通过学术讲座、学术论坛等，让学者的研究成果能够更加广泛地传播。我们也邀请高校和其他研究机构的学者走进来，进行学术研究，开展学术讲座。2021 年我们推出了“开放课题”，就是要开放故宫的资源，让高校、其他科研机构的学者真正承担起研究故宫这座文化遗产的重任。第一期有 40 个项目立项，2023 年有 30 个项目立项，大大拓宽了学术团队和学术视野。通过每年举办“故宫学”高校教师讲习班，让“故宫学”走进高校，让更多年轻学子能够通过“故宫学”来认识故宫，把他们的学术方向汇聚到“故宫学”上来。我们还启动了“英才计划”，由资深学者带年轻学者，这也是一种传承。

◎ 近年来故宫博物院推出的学术出版物

“数字故宫”是支撑。“数字故宫”是这个时代的产物，现在是信息化、数字化甚至人工智能的时代，故宫紧紧抓住了时代的脉搏。“数字故宫”建设可以追溯到 20 多年前，从最早的网站、数据库的建设起步，到今天已经形成了从基础层、资源层到应用层一个庞大的“数字故宫”体系。在这个过程中，我们与一些企业、高校，甚至国际机构持续合作，全力保障“数字故宫”在文物的数字化采集、数据库建设、数据管理等方面推陈出新。故宫博物院以每年 7—8 万件文物的数字采集速度对馆藏文物进行数字化信息采集，到目前为止，已经完成 90 多万件，也就是接近一半的文物的基础影像拍摄工作。未来的任务还非常繁重，我们希望早日完成全部馆藏文物的基础数据采集，以一定的速度将采集的信息结合学术研究的成果推出来，实现共享。目前我们的数字文物库已经公布了超过 10

万件馆藏文物的高清影像，在博物馆里应该是走在前列的。我们开设线上数字专题展示，包括“故宫名画记”“全景故宫”“数字多宝阁”等，这也是这些年非常重要的一种传播方式。2023 年，我们还推出了故宫博物院多语种网站，包括了联合国五个常任理事国的语言，未来还要逐步扩大。当然，也不可能囊括所有的语言，但我们的讲解器有几十种语言。我们的小程序非常丰富，通过“故宫博物院”小程序，大家可以进入“数字故宫”的世界，去欣赏故宫美图，去看故宫建筑和相关阐释。同时，故宫几乎每一个时期的展览都有一个配套的线上展览，观众可以通过“故宫展览”App，在云端享受沉浸式看展的乐趣。我们还推出了“紫禁城 365”“玩转故宫”“每日故宫”等新媒体产品，全数字形态的文物展示研学场所“故宫大高玄殿数字馆”也已对外开放。与时代发展

◎ “每日故宫”App

同步，把学术研究的成果通过创造性转化，变成人们喜闻乐见、能够产生冲击力的产品，从而更好地传播出去，这是我们的努力方向之一。

“活力故宫”是目的。文物保护好了，价值挖掘出来了，我们又有这样先进的数字技术，我们的目的是什么？就是让文物活起来，让文物蕴含的价值活起来，让这些文物承载的文化，和我们这个时代相结合，然后形成这个时代的文化。

第一种“活起来”的方式就是开放，让人们走进故宫这座世界文化遗产，感受故宫带给我们的视觉冲击，去实地感受中华文明的博大、连续和包容，感受历史与我们紧密相连。故宫博物院的观众人数在世界文化遗产地和博物馆里应该是最多的。据统计，1949—2022 年故宫接待观众 4.68 亿人次，其中 2012—2022 年这 10 年就接待观众 1.42 亿人次。2019 年达到了顶峰，有 1900 多万人次。新冠疫情影响很大，但我们基本上都保持了开放的状态。2023 年观众人数回升，故宫“一票难求”，这可能会成为一个常态。我们既要保护文物，又要让观众有良好的体验，只能进行观众承载量的限制。

开放只能满足少部分人的愿望，还有更多的人没有机会来到故宫，怎么办？所以第二种“活起来”的方式就是传播，通过各种展览、各种传播途径，还有一些现代的艺术创作方式、其他的艺术表达方式，全面地去呈现故宫的多元价值。这些年做得比较成功的是联合相关机构推出的大型舞蹈诗剧《只此青绿》，和文化企业推出的儿童剧《甪端》。一些电视节目也非常火，比如《上新了·故宫》《国家宝藏》《诗画中国》，等等。

我们的线上展览也非常丰富。大家可以通过“数字故宫”去领略故宫的美、故宫背后不同时代的历史背景，去认识我们五千年文明连绵不断的原因之所在，同时也去认识中华文化的包容开放。数字主题展我们是和社会机构合作推出的，其中“‘纹’以载道”是和腾讯合作推出的，完全是裸眼 3D，大家可以身临其境地欣赏故宫建筑和馆藏文物的美。我们还有一些知识课堂。通过

◎ 部分故宫专题展览

这些数字平台，把专家学者的研究成果转化成文化产品推广出去。“抖来云逛馆”2022 年非常火爆，它由知识渊博的专家来讲，风格朴实，将大家带进故宫的文物世界。

针对青少年，我们也推出了一系列科普图书，尤其是《了不起的故宫宝贝》《我要去故宫》《故宫的二十四节气》等。这些作品紧紧地把中华优秀传统文化和今天的时代、和社会主义核心价值观结合起来。社会主义核心价值观非常重要的一个来源，就是中华优秀传统文化，那是我们的源头活水。今天这个时代，很多产品的推出都需要社会力量的加入，仅靠故宫博物院是没有办法完成的。北京一重点中学还申请了我们的一个“开放课题”，紧密结合中学教学的特点，让故宫承载的中华优秀传统文化走进课堂，让孩子真正能够喜欢故宫、亲近故宫，把中华文化的种子种到他们的心里去，伴随他们一起成长。

“孩子，圆你故宫梦”是我们推出的文化活动，让孩子走进来，尤其是让偏远地区的孩子走进来。“粤港澳青年故宫实习计划”，是让粤港澳的年轻人走进故宫，去感受中华文明，感受中华优秀传统文化，这是国家认同和文化认同非常重要的方式。2023年，我们推出京港“双城青年文化人才交流计划”。2021年，我们推出了“故宫零废弃项目”，就是要把绿色发展理念，通过世界文化遗产、通过一个博物馆传达出去，这也是博物馆的使命。在故宫这样一个场所，我们看到了古人与自然和谐相处的思想。在今天这样一个科技高速发展、物质文明高度发展的时代，怎么能够继续保持对自然的敬畏、怎么创造一个绿色发展的环境，博物馆是有责任的。首先要从我们做起，然后把这种理念通过来到故宫的观众传播出去。

故宫博物院的事业发展离不开国家的投入，也离不开社会各界的支持。有越来越多的慈善人士、企业家，还有一些文物收藏家捐钱、捐物、捐文物，他们的善举极大地推动了故宫博物院事业的发展。这些捐款让我们可以做更多的公益性活动，包括学术研究、人才培养等。

如今，故宫作为最著名的世界文化遗产地之一，既是展示中华文明的重要窗口，也是促进文明交流互鉴的重要平台。故宫博物院在尊重世界文明多样性的基础上，积极推动文化“走出去”“引进来”，在古代文明与现代文明交融化合中，面向国际社会讲好中国故事。

我们通过文物来交流，依托“故事新说——故宫博物院藏明代人物画名品”“圆明园：清代皇家园林艺术与生活”“凝时聚珍——中英钟表技艺交流展”等境外展览，向世界推介中华民族灿烂悠久的历史文化、展示中华文明的独特魅力；同时通过在故宫博物院举办“爱琴遗珍：希腊安提凯希拉岛水下考古文物展”“譬若香山：犍陀罗艺术展”“璀璨波斯：伊朗文物精华展”等不同国家地区

藝博館
MAM
A Grande Viagem
星槎萬里
紫禁城與海上絲綢之路
11/1 - 13/4
A Cidade Proibida
e a
Rota Marítima da Seda
2020
THE LONG JOURNEY
The Forbidden City and Maritime Silk Road

钟鼓喤喤
故宫博物院藏宫廷乐器展
The Sound of Harmony:
Exhibition on the Musical
Instruments of Imperial Court
from the Palace Museum
Collection
2024.01.20
— 07.20

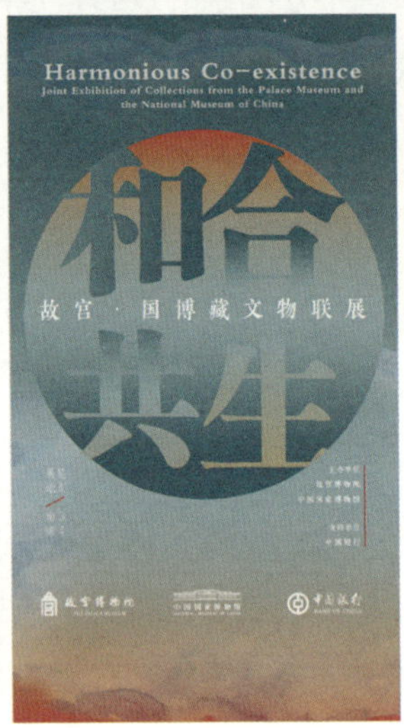
Harmonious Co-existence
Joint Exhibition of Collections from the Palace Museum and the National Museum of China
和合共生
故宫·国博藏文物联展

国宝的长征
故宫文物南迁纪念展
2023.12.28 — 2024.03.29
上海市历史博物馆西楼三层展厅

◎ 丰富多彩的交流展览

的精品文物展，将不同文明的灿烂文化“引进来”，助力“以文明交流超越文明隔阂、文明互鉴超越文明冲突、文明包容超越文明优越”。

我们积极参与海外考古项目，与德国考古研究院、英国杜伦大学考古系等世界著名考古研究机构合作，一起走向其他国家共同进行考古。与希腊研究与技术基金会所属电子结构与激光研究所建立了文物保护技术“一带一路”联合实验室，让中国与希腊两大文明古国通过保护古代文明，又走在了一起。

我们多次开展“驻华使节故宫文化沙龙”、“使节进故宫”、摄影展等文化交流活动，用外国人的视角去发现故宫的美。我们还定期举办“太和论坛”“中欧文化遗产保护科技论坛”等国际学术论坛，实施促进中外学者平等对话、交流互鉴、相互启迪的“太和学者计划”。通过“太和学者计划”邀请外国学者来到故宫博物院，加入我们实际的文博工作场景中，切身感受中华文化的魅力，再由他们将所见、所学、所思带回到自己的国家，成为我们在海外的中华文化传播者。

通过“请进来”“走出去”的双向交流，我们对故宫这座人类文化遗产的价值不断加深认识，由外国的学者去讲中国文化的故事，我们的学者出去讲我们的故事，同时也学习其他文明的成果。我相信，这样的交流久久为功，一定会形成非常好的态势，过去的那些偏见和隔阂会随着交流对话逐渐消除。

故宫文化为中国式现代化建设贡献着文化养分，中国式现代化建设赋予了故宫文化以现代力量。在新的发展阶段，故宫博物院将坚持以习近平文化思想为指引，以更加开放、包容的姿态，保护好、传承好故宫这座人类共有的文化遗产。同时，切实担负起新的文化使命，在世界舞台上以故宫文化魅力，推动落实全球文明倡议，为构建人类命运共同体贡献中国智慧和中国力量。

（供图单位：故宫博物院）

俱是貪有

人深貪榮利，損害處

明有爲乎无，雖性自空。

相二名乎生，故曰相生。難易

是實相待而成，故云難易相

斷，此是乎无也。高下相傾，音聲

同上釋。此上六句明有爲相內乎无

辟相。是以聖人處无爲之事者

人舉无作心勸循也。行不言之教者。此

是世俗廣說有爲言教，故云不言之

言一切万物有爲兆民各自段

辭者，明自身滿足不

字也，故云不辭

不有

張

綦毋潛一

初發道中

日夜鄉山遠，秋風復此時

朝昏苦懷歸歲月遲壯圖空不自

自豫章南還江上作

歸去江南水磷磷見底清轉逢空闊

遙如待沙鷗近共迎津途別有趣

自始興溪夜上赴嶺

常蓄名山意茲爲世網牽征途

青巖際谿行綠筱邊去舟乘

嶂連折觸暗泉深林風緒

亦自煎不知于役者相

初入湘中有

中作 以上

波

中华典籍的传承与保护

张志清
国家图书馆常务副馆长、国家古籍保护中心副主任

国家之魂，文以化之，文以铸之。明代学者、藏书家黄省曾有一句诗：“百年典籍归金匮，前辈勤劳重石渠。”“金匮”旧指贵重的铜书柜，“石渠”是汉代未央宫旁边的皇家藏书阁。这句诗的意思是，古老的典籍应该放在金匮中传承长久，前辈辛勤编纂的成果都很看重在石渠阁中庋藏。对古人来说，典籍是精神财富，对典籍的保护传承应该得到国家高度重视。

中华典籍讲述中国故事

一、国图珍藏，厚重典雅

1906 年，罗振玉在《京师创设图书馆私议》中说：“保固有之国粹，而进以世界之知识，一举而二善备者，莫如设图书馆。”他甚至认为，图书馆是与人类文明发展相始终的。1909 年，国家图书馆的前身京师图书馆建馆，这是中国文化发展的大事件，图书馆作为文明的标志、文化的高地、知识传播的殿堂，正式进入国人视野。国家图书馆在 110 多年的历程中，通过国家拨交、藏书家捐赠、本馆搜采，建立了 4200 多万册件的庞大馆藏，在世界各国国家图书馆中名列第五，在亚洲图书馆中名列第一。其中，古籍特藏达到近 300 万册（件），堪称国家珍贵典籍遗产的重镇。

首先，请大家欣赏一些国家图书馆的古籍珍品。

◎ 甲骨“四方风”

国家图书馆收藏了 35651 片甲骨，占目前已知甲骨数量的四分之一。甲骨“四方风”是 3200 年前殷商武丁时期𠂤组卜辞甲骨，上边 24 个字记载了代表四方的神和风神的名字，反映了殷商对于四方和四季变化的认识。

国家图书馆典藏 1.6 万号敦煌遗书，是世界收藏敦煌遗书最多的单位之一。如敦煌遗书《律藏初分》是西凉建初十二年（416 年）十二月二十七日抄写的，内容是佛教《四分律》的第一分，是国家图书馆典藏最早的纸质文献。敦煌遗书《老子道德经义疏》是唐朱墨写本，朱笔是《道德经》原文，墨笔是注疏。采用口语化解疏方式，是老子《道德经》最早的

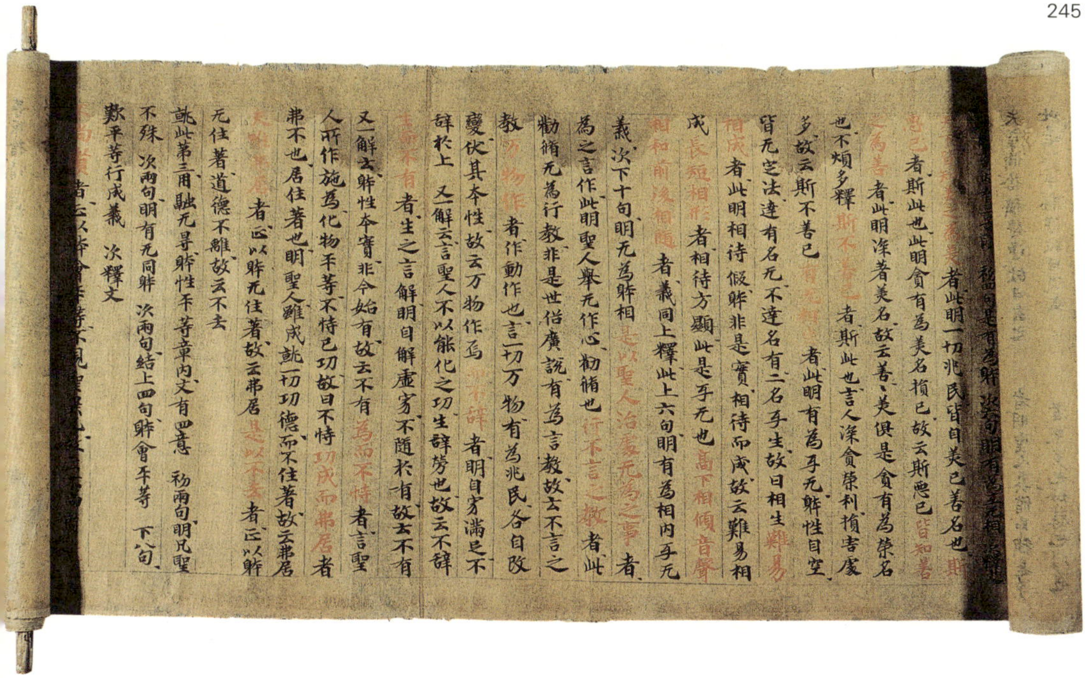

◎ 敦煌遗书《老子道德经义疏》

纸本。

宋元明清善本是国家图书馆古籍典藏的核心文献。北宋刊刻的第一部佛教大藏经《开宝藏》最初为 480 帙，含佛教典籍 1000 余部，总计 5000 余卷。到北宋末年时，总数已达 600 多帙，含佛教典籍 1500 余部，近 7000 卷。《开宝藏》传至今日，已寥若晨星。《佛说阿惟越致遮经卷》麻纸染黄，高 32 厘米，长 1560 厘米，北宋太祖开宝六年（973 年）显圣寺圣寿禅院印造，新中国成立前发现于山西太原崇善寺，是中国早期雕版印刷的代表作之一。

司马光《资治通鉴》残稿是国图宋代稿本中的瑰宝。残稿记录了东晋元帝永

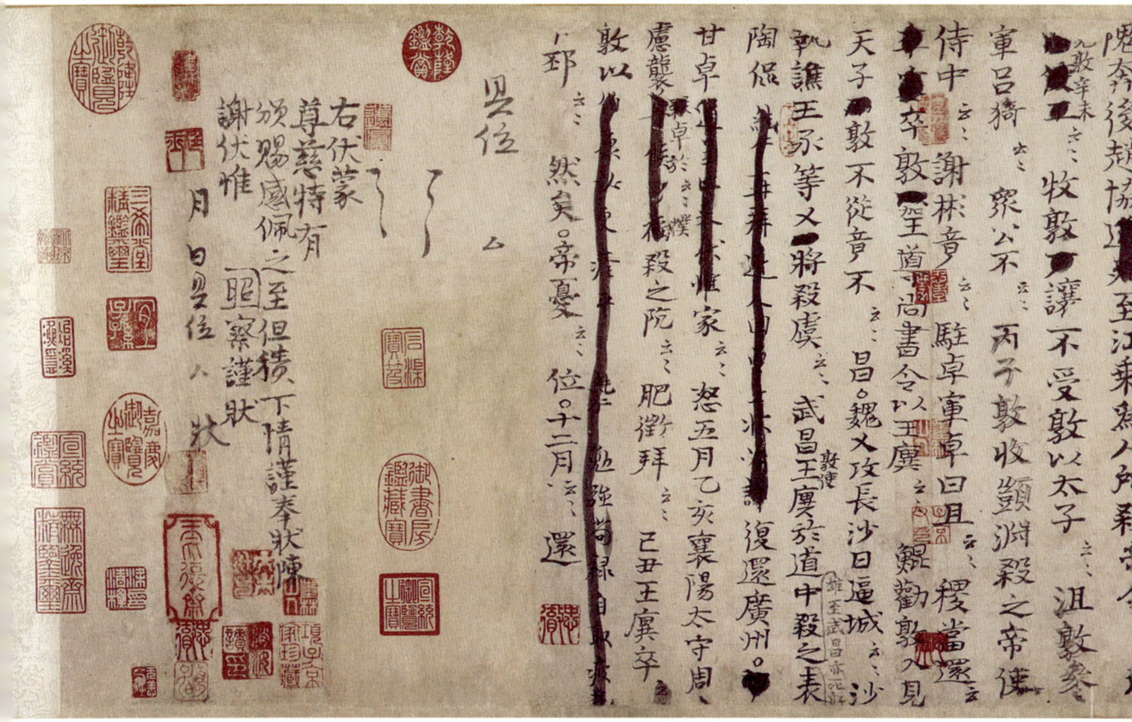

◎ 司马光《资治通鉴》残稿

昌元年（322 年）的历史，仅余 29 行 465 字。原纸还有范纯仁的书信和司马光的“谢人惠物状”，后有宋元众多名家题跋。残稿在清乾隆时期藏入清宫。民国时溥仪将其转交溥杰偷带出宫，送到东北。抗战爆发后流落民间，后由人民政府收入国家图书馆庋藏。

“宋四大书”之一的《册府元龟》，是北宋王钦若、杨亿等编纂的一部大型类书，记载历代君臣事迹等政事，是宋代类书的代表作，在当时评价很高，影响很大。国图收藏的宋刻本《册府元龟》还保留了宋代蝴

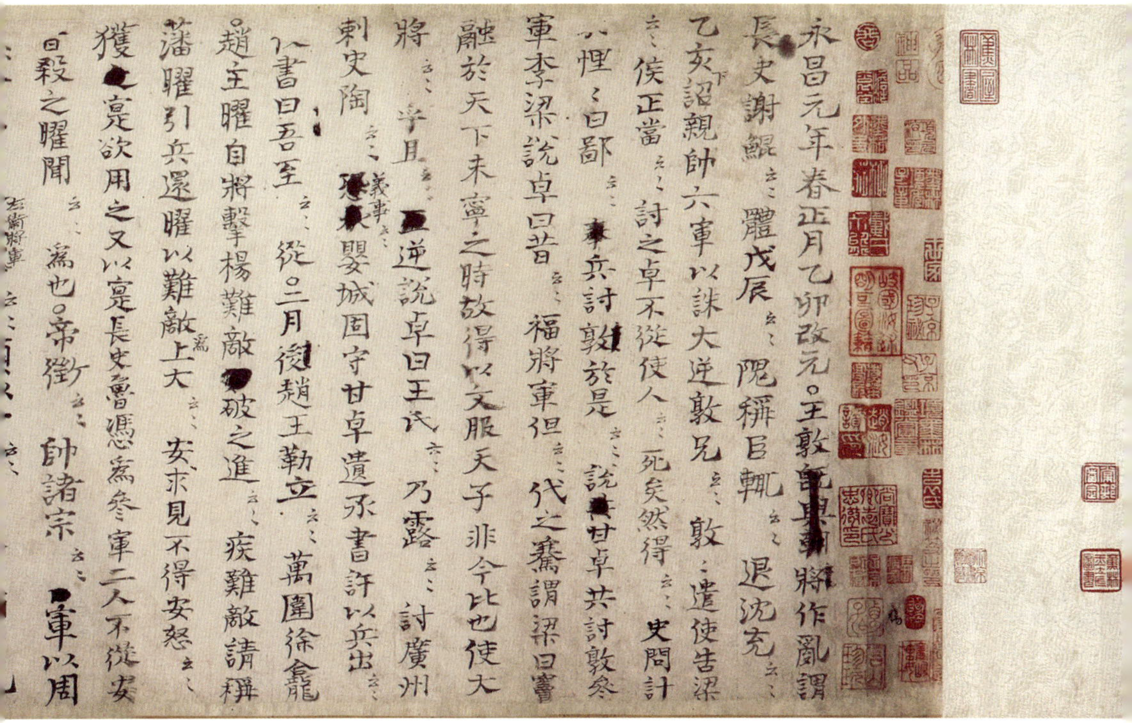

永昌元年春正月乙卯改元王敦□□將作亂謂
長史謝鯤云云體戊辰云云隗稱目輒云云退沈充云云
乙亥詔親帥六軍以誅大逆敦兄云云敦遣使告梁
州侯正當云云討之卓不從使人云云死矣然得云云史問計
八悝曰鄙云云奉兵討敦於是云云說□甘卓共討敦參
軍李梁說卓曰昔云云福將軍但云云代之參謂梁曰審
融於天下未寧之時故得以文服天子非今比也使大
將云云辛且□逆說卓曰王氏云云乃露云云討廣州
刺史陶云云義事□□嬰城固守甘卓遺丞書許以兵出
以書曰吾至云云從二月從趙王勒立云云萬圍徐龕
趙主曜自將擊楊難敵□破之進云云疾難敵請稱
藩曜引兵還曜以難敵上大云云安求見不得安怒云云
獲□寔欲用之又以寔長史魯憑為參軍二人不從安
曰殺之曜聞云云為也帝衛云云帥諸宗云云□軍以周
左衛將軍云云

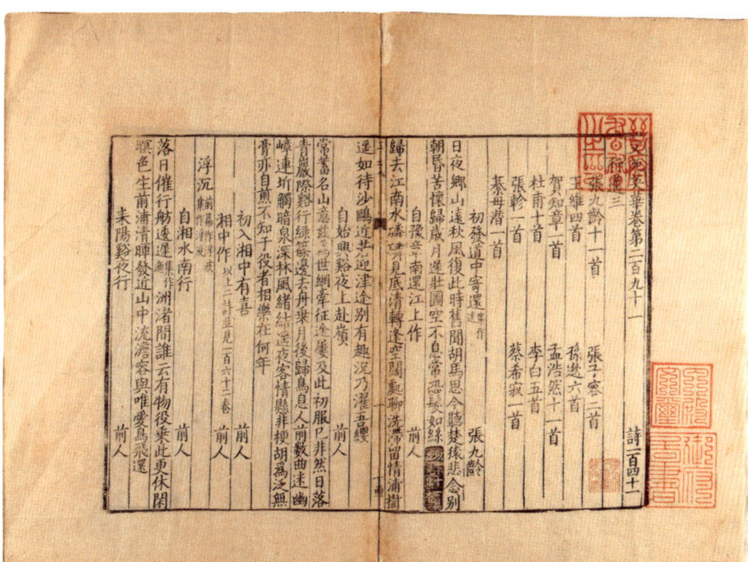

文苑英華卷第二百九十一　詩一百四十一
行邁三
張九齡十一首　張子容二首
王維四首　孫逖六首
賀知章一首　孟浩然十一首
杜甫十首　李白五首
張軫一首　蔡希寂一首
綦毋潛一首
初發道中寄遠（集作還）　張九齡
日夜鄉山遠秋風復此時舊聞胡馬思今聽楚猿悲念別
朝昏苦懷歸歲月遲壯圖空不息常恐鬢如絲
自豫章南還江上作　前人
歸去江南水□見底清轉逢空闊處聊洗滯留情浦樹
遥如待沙鷗近若迎津途別有趣況乃濯吾纓
自始興谿夜上赴嶺　前人
常蓄名山意兹爲世網牵征途屢及此初服已非然日落
青巖際谿行綠篠邊去舟乘月後歸鳥息人前數曲迷幽
嶂連圻觸暗泉深林風緒結遥夜客情懸非梗胡爲泛無
骨亦自煎不知于役者相樂在何年
初入湘中有喜　前人
湘中作（以上二詩並見一百六十二卷）　前人
浮沉（前篇作浮沉）
自湘水南行　前人
落日催行舫逶遲（集作迤）洲渚間誰云有物役乘此更休閑
暝色生前浦清暉發近山中流澹容與唯愛鳥飛還
耒陽谿夜行　前人

◎宋刻本《文苑英华》残本

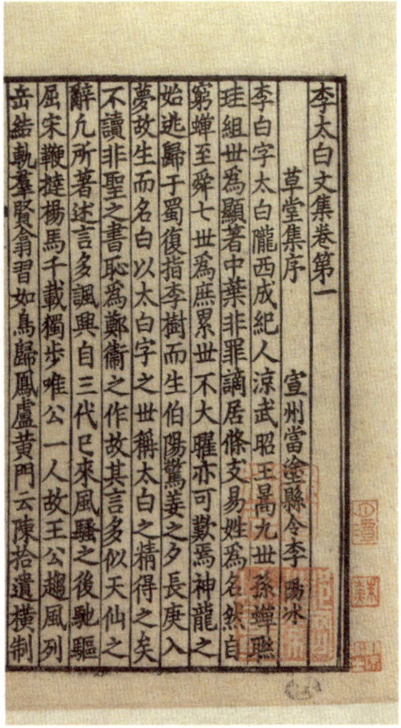

李太白文集卷第一
草堂集序　宣州當塗縣令李陽冰
李白字太白隴西成紀人涼武昭王暠九世孫蟬聯
珪組世爲顯著中葉非罪謫居條支易姓爲名然自
窮蟬至舜七世爲庶累世不大曜亦可歎焉神龍之
始逃歸于蜀復指李樹而生伯陽驚姜之夕長庚入
夢故生而名白以太白字之世稱太白之精得之矣
不讀非聖之書恥爲鄭衛之作故其言多似天仙之
辭凡所著述言多諷興自三代已來風騷之後馳驅
屈宋鞭撻揚馬千載獨步唯公一人故王公趨風列
岳結軌羣賢翕習如鳥歸鳳盧黄門云陳拾遺橫制

◎宋蜀刻十一行本《李太白文集》

蝶装。这种书籍装帧形式是由卷轴装到册页装过渡后第一个普遍采用的形式，是书籍史研究的重要史料。

“宋四大书”的另一部《文苑英华》，是北宋李昉、徐铉等编纂的一部文学类诗文总集。选录萧梁至五代2200多位作家的2万篇诗文，其中最多的是唐代诗文，是我们今天看到的唐代诗文的重要依据。国图藏宋刻本《文苑英华》残本是南宋周必大所刻，卷端卷尾钤“内殿文玺”“御府图书”“缉熙殿印”等，是南宋宫廷藏书。书衣还是宋明黄团花绫绢，蝴蝶装，保持了南宋宫廷原装，十分难得。

宋蜀刻十一行本《李太白文集》是李白诗文集中最早的宋刻本。李白诗文集在唐宋间经过多人编辑，北宋时由时任苏州知府的晏知止在苏州刊印。眉山地区刻印的这个本子是以晏本为底本刊印的。如今晏本失传，蜀本成为《李太白文集》最早的善本。全书30卷，目前存世两部：一部藏于国家图书馆，有配补；另一部藏于日本静嘉堂文库，是没有缺损的全帙。这部书原是归安陆心源皕宋楼旧藏，在积贫积弱的旧中国被日本财阀购去，令人痛心。

被称为国家图书馆善本“四大专藏”之一的《赵城金藏》，是金代初年由山西潞州（今山西长治）崔员外之女崔法珍断臂募化刻印的一部大藏经，一说印于平阳，一说印于解州。它的底本继承了《开宝藏》《契丹藏》，属海内外孤本。原来收藏在山西赵州广胜寺，抗战时期八路军从日寇占领区把这部经抢救了出来。1942年日军“五一”大扫荡时，根据地军民肩挑背扛，辗转在太行山中躲避日军抢掠，还曾在山西绵上县煤窑、河北涉县天主教堂秘藏。1949 年北平和平解放后，华北人民政府将此经移交北平图书馆（国家图书馆前身）庋藏。从 1949 年到 1965 年，最终修复完善，是新中国第一个大型文物抢救工程。之后《赵城金藏》作为《中华大藏经》底本得以整理重光。

金代平水刻本《南丰曾子固先生集》是唐宋八大家之一曾巩仅存的一部诗文集，反映了金代中叶山西临汾（平水）地区刻书的高超技艺。这部书开本虽小，但笔画细腻，非常精美。经过明代唐伯虎等人的收藏，清代入宫收藏在“天禄琳琅”专藏中，钤有乾隆五宝。

◎ 金代平水刻本《南丰曾子固先生集》

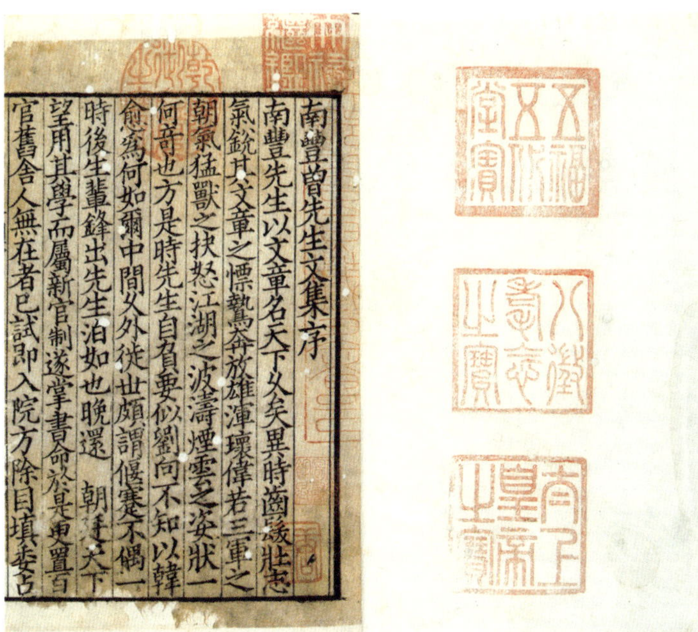
南豐曾先生文集序
南豐先生以文章名天下久矣異時齒髮壯志
氣銳其文章之慓鷙奔放雄渾瓌偉若三軍之
朝氣猛獸之抉怒江湖之波濤煙雲之姿狀一
何奇也方是時先生自負要似劉向不知以韓
愈爲何如爾中間久外徙世頗謂偃蹇不偶一
時後生輩鋒出先生泊如也晚還 朝廷天下
望用其學而屬新官制遂掌書命於是更置百
官舊舍人無在者已試即入院方除目填委占

元大德间陈仁子东山书院刻本沈括《梦溪笔谈》，是现存沈括《梦溪笔谈》最早的刻本，也是元代书院刻书的菁华。书装阔大，版心绝小，纸墨如新，令人震撼。此书民国间为上海陈清华收藏，辗转到香港，1965 年中央人民政府斥资从香港购藏，堪称古代科技著作的珍贵遗存。

《永乐大典》

◎ 明嘉靖间内府朱墨写本《永乐大典》

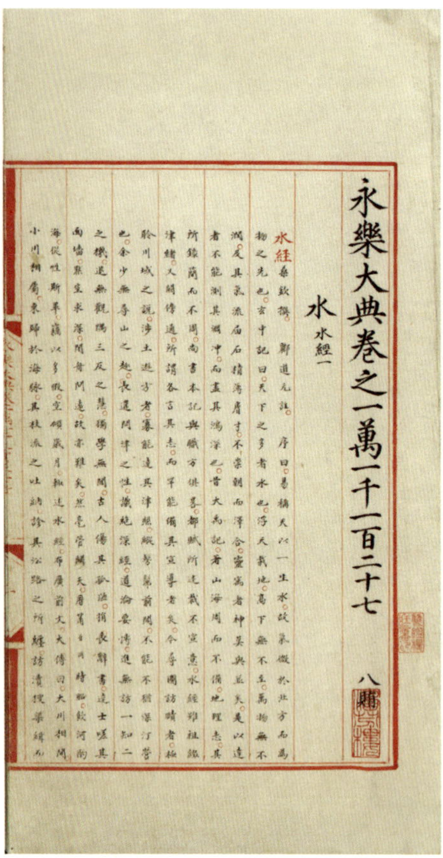
永樂大典卷之一萬一千一百二十七

水 水經一

明嘉靖间内府朱墨写本《永乐大典》零册，是中国古代最大的百科全书《永乐大典》的珍贵遗存。《永乐大典》是中华民族的伟大创造，纂修于明永乐年间，原书 22877 卷，目录 60 卷，合为 11095 册，汇集了当时收集到的各类书籍七八千种，一字不改，按《洪武正韵》编排韵字，字下有事类，组合成为百科全书。永乐正本早已不存于世，嘉靖副本仅存 434 册，其中 224 册由国家图书馆庋藏（包括暂存于台北故宫博物院的 62 册）。《永乐大典》每册经历，都是中国近代史的缩影。

明代胡正言饾版拱花套印《十竹斋笺谱》，反映了中国古代雕版技艺的最高水平，也是古代书籍艺术的结晶。比如一幅竹子，就用了多种不同颜色，山石、竹子都是

◎ 明代胡正言饾版拱花套印《十竹斋笺谱》

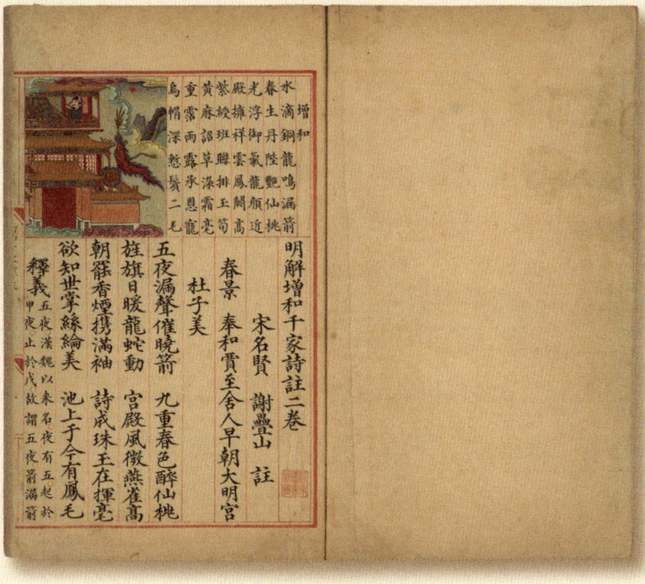

◎ 明嘉靖间内府写本《明解增和千家诗注》

◎清乾隆内府写本文津阁《四库全书》

用细碎饾版一点点套印出来的，精美异常，也是世界版画艺术难得的佳作。

清代雍正铜活字本《古今图书集成》是中国古代现存规模最大的、最完整的类书，清代乾隆内府写本文津阁《四库全书》是中国古代最大的丛书，这些都是中华文化的宝藏。其中，文津阁《四库全书》全本共 36304 册，6144 函，装 128 架，是目前唯一的一部书函架一体典藏的《四库全书》。

清乾隆五十六年（1791 年），程伟元和高鹗把《红楼梦》的前八十回和后四十回合并，用木活字排印，称为“程甲本”，是曹雪芹《红楼梦》版本体系中重要的一环。国图收藏有《红楼梦》多种珍贵的版本，如脂砚斋系统的己卯本和蒙古王府本等，也有一百二十回本的“程甲本”和“程乙本”，为中国文学史上的伟大著作《红楼梦》研究提供了丰富的版本资料。

北宋拓本《神策军碑》是国家图书馆30多万件金石拓本的佼佼者。原拓二册，现存一册，曾记录于宋代赵明诚《金石录》，收藏在贾似道的“秋壑图书”中，被称为柳公权“第一妙迹”。1965年由中央人民政府斥巨资从香港陈清华手里收购，它也是国家图书馆的镇馆之宝。

上述列举的这些琳琅满目、精美典雅的古籍，只是中华深厚文化积淀的点滴。根据近年来全国古籍普查结果，全国2800多家公藏单位收藏的写印于1912年前的古籍就有270万部、近3000万册（件）。在历史长河中，中华民族留下了浩如烟海的古籍，但因水火兵燹，保存至今者不足百分之一。即便如此，这些古

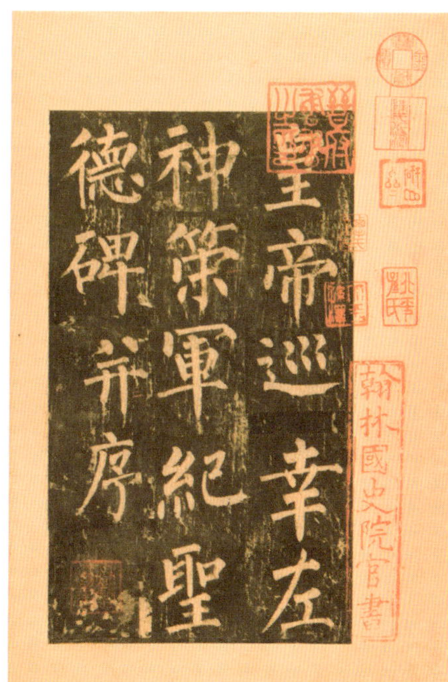

◎北宋拓本《神策军碑》

 籍仍是世界最大的典籍遗产之一。古籍是中华民族的精神家园，保护古籍、传承文明、服务社会是建设社会主义文化强国的重要支撑，也是图书馆人的使命担当。

二、惟殷先人，有册有典

中华民族有着悠久的历史文化。早在距今 3500 年的殷商甲骨文中就有表示书籍的“册”字和“典”字。《尚书・多士》说：“惟殷先人，有册有典”，说明当时已经有竹木简的书籍。现在我们看到的甲骨文有 4500 多字，是有系统的成熟文字，也是当时的书籍文字，与今天的汉字一脉相承。

中国古代书籍，简称为古籍，一般指写印于 1912 年前的书籍，这是狭义的古籍概念。广义的古籍概念，还包括后来影印、整理、缩微、数字化古籍所产生的产品。

中国古代文字载体多种多样。在纸发明前，文字曾经铸造、刻写在青铜、石头、甲骨上。其中，规模宏大的“石经”从汉代到清代多次刻立，传承儒家经典，是一种正规书籍，其目的是向全国提供经过朝廷校订的儒典“正本”，是大一统国家的象征。隋时，佛教《大藏经》也刻石秘藏，如房山石经等，起到“伏藏”的作用，是中国古代“勒之金石、传之久远”的一种文化传统。

造纸术是中国古代对世界的伟大贡献。考古发现，在西汉时期出现了纸。有人说纸是漂母在漂麻时候发现的，麻纤维沉在篦子上，水篦去之后，一揭就是一张纸。宋应星的《天工开物・杀青》里系统介绍了竹纸的制作工艺。

公元 105 年，蔡伦改进造纸术，用破布、麻绳和渔网来造纸，扩展了造纸原料，降低了造纸成本。公元 3 世纪后，纸书日益普及。东晋时期，桓玄下令官府文书采用纸张，纸正式替代简帛，成为书籍的主要载体。国家图书馆的绝大多数

◎甘肃天水放马滩秦汉墓群出土的古纸

古籍基本上是纸制品，延长纸的寿命就成了古籍保护的重要内容。

在公元七八世纪的隋唐时期，中国还发明了雕版印刷术。北宋毕昇发明了泥活字印刷术，工艺记载在沈括《梦溪笔谈》中。元代王祯《农书》最早记载了木活字印刷术。泥活字和木活字质料较软，刻印方便。古纸薄润，一般一面有字，一面空白。采用人力铺纸就版刷印，不需大力加压就可以印刷，因而在各种质料的选择中，木活字和锡活字脱颖而出。特别是木活字，十分便宜，比铜铁等金属活字成本低，制作容易，有利于普及。1450 年，德国古登堡开始印刷《圣经》，比中国晚了 700 多年。印刷术被国际公认为“世界文明之母”，印刷术产生大量书籍，使文明像爆炸一般传播普及开来。中国古代“四大发明”中的造纸术、印

◎ 卷轴装

刷术都与书籍相关，当时遥遥领先于世界，值得我们骄傲和自豪。

古籍的装帧式样不同于今天。简册装、卷轴装、梵夹装、旋风装、经折装、蝴蝶装、包背装、线装、毛装等，反映了中国古代书籍的演变过程。

编连成册的简是商周至魏晋之间（公元前1600—公元420年）书籍的主要装帧形式。所谓“书于竹帛”，即用竹木简编连成的简册装、写在丝织品上的帛书都是中国书籍的独有形式。早期纸书也像简册一样做成卷轴，成为卷轴装，南北朝至五代时期（420—960年）最为流行。

梵夹装是隋唐时期对传入中国的古印度书写在贝多树叶上的梵文佛教经典装订形式的一种形象化称呼。唐李贺诗中说：“白藤交穿织书笈，短策齐裁如梵夹。”就是说，唐中期已经采用将藤纸裁成叶子、用绳穿纸固定的梵夹装。卷轴书籍翻检不便，受梵夹装启发，中国书籍开始向册页形式过渡，产生了早期缝缋装、粘叶装等简便装帧形式。其中，卷轴装的一种改进式样，是将写好的长条卷子从头至尾按一定行数或宽度均匀地左右连续折叠成长条形，再粘连前后封面，被称为“经折装”。北宋时期，蝴蝶装完全成为固定的叶子装帧形式，盛行一时。翻阅时书叶像蝶翅两翼展开，十分美观素朴。

包背装是在蝴蝶装基础上的改进形式。其特点

◎ 梵夹装

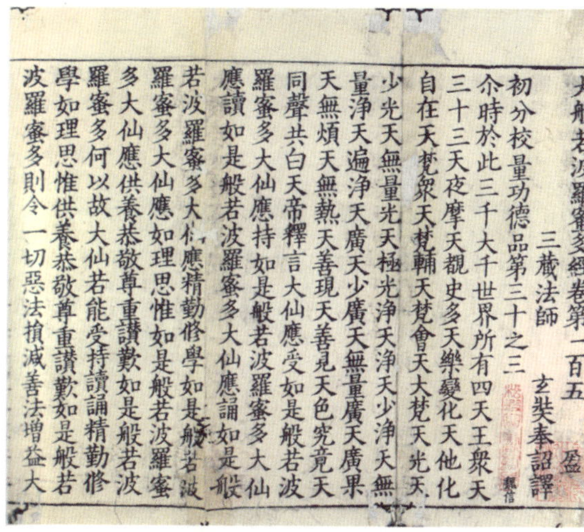

大般若波羅蜜多經卷第一百五　盈
三藏法師　玄奘奉詔譯
初分校量功德品第三十之三
介時於此三千大千世界所有四天王衆天
三十三天夜摩天覩史多天樂變化天他化
自在天梵衆天梵輔天梵會天大梵天光天
少光天無量光天極光淨天淨天少淨天無
量淨天遍淨天廣天少廣天無量廣天廣果
天無煩天無熱天善現天善見天色究竟天
同聲共白天帝釋言大仙應受如是般若波
羅蜜多大仙應持如是般若波羅蜜多大仙
應讀如是般若波羅蜜多大仙應誦如是般
若波羅蜜多大仙應精勤修學如是般若波
羅蜜多大仙應如理思惟如是般若波羅蜜
多大仙應供養恭敬尊重讚歎如是般若波
羅蜜多何以故大仙若能受持讀誦精勤修
學如理思惟供養恭敬尊重讚歎如是般若
波羅蜜多則令一切惡法損減善法增益大

◎ 经折装

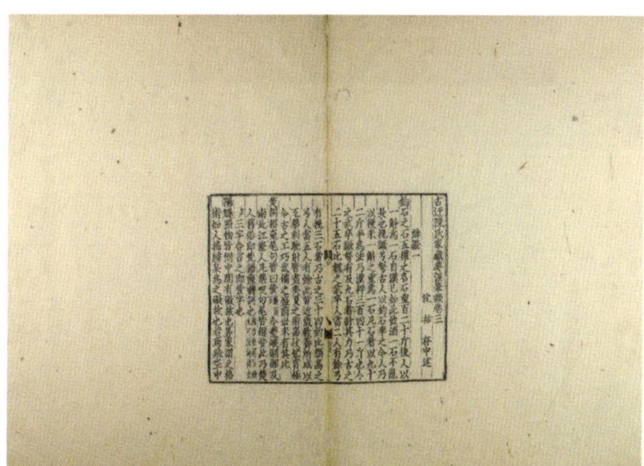

◎ 蝴蝶装

是倒折书叶，版心向外成为书口。装订处用纸捻固定后，外穿书衣。包背装解决了蝴蝶装一叶有字、一叶无字的缺点，无字一面被折向内，叶叶有字，前后连贯，加穿纸捻，比较牢固，成为元代书籍的主要装帧式样。明清官书，如《永乐大典》《四库全书》等，也多用包背装。

明代嘉靖之后流行的四眼线装是在包背装基础上，再用线加固而成的。毛装则是比较简易的装帧形式，毛茬参差，不加封面，是一种粗装。

◎ 线装

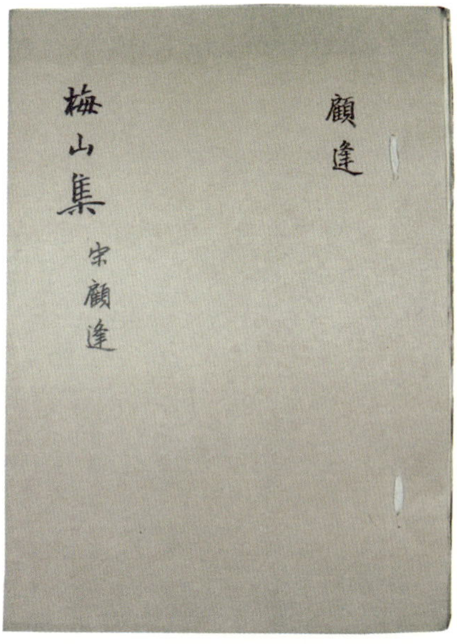

◎ 毛装

三、经史子集，博大精深

中华民族是善用文字和书籍来记载历史文化的民族。这里首先要提孔子。孔子整理“六经”，除《乐经》失传外，《易》《书》《诗》《礼》《春秋》五经传承至今，成为中国最早的“元典”。这里的“元典”指的是最早的书籍。因为目前传下来的中华民族最早的哲学、伦理、制度、历史、诗歌、文章等都在“五经”里边。从汉武帝“罢黜百家，独尊儒术”起，儒家学说居于中国思想文化主导地位长达2000多年，形成了以“五经”等儒家经典为代表的核心价值体系。

习近平总书记在纪念孔子诞辰2565周年国际学术研讨会暨国际儒学联合会第五届会员大会开幕会上的讲话

历代史官记录君臣言行、重大事件，形成史籍档案。从西周共和

◎山东曲阜孔庙和孔府（新华社记者　郭绪雷／摄）

◎ 四川眉山三苏祠（新华社记者　沈伯韩 / 摄）

元年（前 841 年）起，中国历史记载没有一年中断过，这在世界上是绝无仅有的。现在“廿四史”等纪传体史书，《资治通鉴》《通鉴纪事本末》等编年体、纪事本末体史书，“十通”等政书，还有地志、家谱等地方、家族史籍，传记、年谱等个人史籍，构成了完善的史书、史论、史料体系。中华民族重视历史、信史，形成了四部分类法的“史部”大类，紧随“经部”。

春秋战国时期百家争鸣，产生了诸子学说，通过书籍流传下来。后世道家思想和从印度传过来的佛教思想，与儒家思想相颉颃、相借鉴、相融合，形成了中国传统思想文化的主体。中国古代军事、医学、农业、百科等实用著述蔚成大观，按类汇集，依从编排，在子部里形成专类，也形成了巨大的百科全书。

另外，古代文赋诗词曲小说等，在“崇文”传统中开出璀璨的花朵，成为民族文化高地。历代总集、别集等汗牛充栋，浩如烟海。

学者们在群籍中搜存考佚，插架典藏，辨章学术，考镜源流，整理成缮写工整、校勘无误的书本——“善本”，按照经、史、子、集四大部类，构建博大精深、自成一体的中华传统典籍文化体系。

需要重视的是，古代有编修类书的传统，即将某类知识汇集成书。到元代阴时夫编纂《韵府群玉》，在韵书基础上加入词目和知识，开创了韵书和类书相融合的局面，像《永乐大典》就是韵类合并的百科全书。现存万卷的《古今图书集成》堪称中国古代知识图谱，是今天我们借助高科技信息化手段去发掘、整理、检索、活化古籍所要特别关注的领域。

四、覆载之间，藉有楮竹

古籍的主要载体——纸，是最轻薄的物质，也是最厚重的物质，正如宋应星《天工开物》所言：“物象精华，乾坤微妙，……承载者以何物哉？……覆载之间之藉有楮先生也。”纸是最脆弱的物质，也是最坚韧的物质，水火兵燹虫霉酸都可以对纸张造成伤害，但现存最古老纸张“放马滩纸”“灞桥纸”距今已超过 2000 年。国家图书馆藏最早的纸质古籍——西凉建初十二年（416 年）《律藏初分》，距今已有 1600 多年，依然完好无损，坚韧美观。

宋应星《天工开物·杀青》一章记载多种造纸法，对于用竹料造纸记载尤为详细。

欧洲从 12 世纪开始造纸以来一直以麻纤维为原料。18 世纪以后，出版业发展，耗纸量激增，长时期出现造纸原料危机。1840 年，儒莲将《天工开物·杀

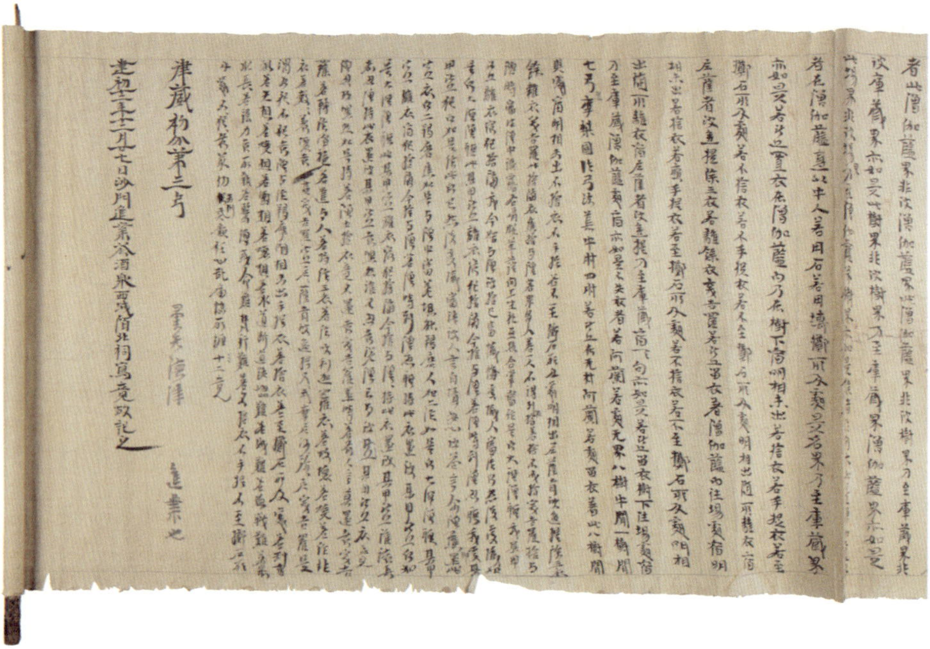

◎ 国家图书馆藏最早的纸质古籍——敦煌遗书《律藏初分》

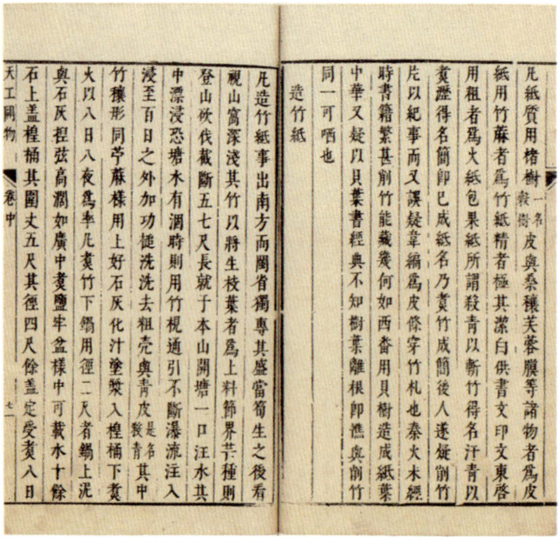

凡紙質用楮樹（一名穀樹）皮與桑穰芙蓉膜等諸物者爲皮紙用竹麻者爲竹紙精者極其潔白供書文印文柬啓用粗者爲火紙包果紙所謂殺青以斬竹得名汗青以煑瀝得名簡即已成紙名乃煑竹成簡後人遂疑削竹片以紀事而又誤疑韋編爲皮條穿竹札也秦火未經時書籍繁甚削竹能藏幾何如西番用貝樹造成紙葉中華又疑以貝葉書經典不知樹葉離根即焦與削竹同一可哂也

造竹紙

凡造竹紙事出南方而閩省獨專其盛當筍生之後看視山窩深淺其竹以將生枝葉者爲上料節界芒種則登山砍伐截斷五七尺長就于本山開塘一口注水其中漂浸恐塘水有涸時則用竹梘通引不斷瀑流注入浸至百日之外加功槌洗洗去粗殼與青皮（是名殺青）其中竹穰形同苧麻樣用上好石灰化汁塗漿入楻桶下煑火以八日八夜爲率凡煑竹下鍋用徑四尺者鍋上泥與石灰捏弦高闊如廣中煑鹽牢盆樣中可載水十餘石上盖楻桶其圍丈五尺其徑四尺餘盖定受煑八日

天工開物　卷中　七一

◎ 宋应星《天工开物·杀青》中记载的“造纸法”

青》译成法文，提到中国用野生树皮、竹草和各种混合原料制浆造纸，引起法、英、德等国实业家高度重视，纷纷仿效，很快缓解了欧洲造纸原料危机。巴尔扎克在《人间喜剧》的代表作《幻灭》中，就描述了主人公大卫·夏赛在中国造纸术启发下试图改变造纸原料的故事。夏赛说："我们所要解决的造纸问题，对于文学、科学、政治重要无比。""目前造纸还用破旧的苎麻布和亚麻布；这种原料很贵，法国出版业必然会的大发展因此延迟了。""由于原料关系，中国纸一开始就胜过我们的纸。中国纸又薄又细洁，比我们的好多了，而且这些可贵的特点并不减少纸的韧性；不管怎么薄，还是不透明的。""中国纸……是用捣碎的竹纤维做的纸浆。葛罗齐埃神甫藏着一部讲述造纸技术的中国书，附有不少图解，说明全部制造过程；他指给我们看纸坊里堆的大批竹竿，画得很精。"巴尔扎克在《幻灭》中说的，正是欧洲人在《天工开物》中寻找新造纸原料的生动描述。1869 年，儒莲与科学家尚皮翁合作，译注《天工开物》部分篇章，发表《中华帝国工业之今昔》。就这样，儒莲把《天工开物》中的生产技术信息不断翻译出来，应用于实践，促进了欧洲的技术革新。

你知道吗？中国造纸术曾经挽救过欧洲造纸危机

五、水火兵虫，百不存一

我们把影响纸张寿命的病害分为 11 种：酸化、老化、霉蚀、粘连、虫蛀、鼠啮、絮化、撕裂、缺损、烬毁、线断等。这些病害使纸张出现了物理性损害或载体变质。像自然力、有害生物和人的行为，则是造成古籍损坏的外因。我国在造纸术发明之后，对于防止书籍被虫子所蛀想得比较多。比如，在唐代就有染潢技艺。染潢就是造纸时用黄檗水染纸，或造纸后用黄檗水刷纸。敦煌藏经洞发现的纸张里，凡是染潢纸，一个虫子眼也没有，就是因为黄檗的主要原料是小檗黄碱，也就是现在我们吃的“黄连素”的主要原料，黄檗很苦，人不爱吃，虫子也不咬。我去日本京都看过正在修复的日本古籍，纸被虫子蛀得像筛子一样，都是未染潢的古纸。

细数中国历史上的十五次书厄

中华民族在历史上创造了浩如烟海、体量庞大的古籍，历经水火兵燹，已是百不存一。南宋周密就在《齐东野语·书籍之厄》中说：“世间凡物，未有聚而不散者，而书为甚。”一般来讲，书藏不过三代，第一代励精图治，第二代妥善传承，第三代以后书籍逐步散佚。这是古籍收藏的惯常现象。

隋时，牛弘极论废兴，阐述“五厄”之说，把秦始皇焚书、西汉王莽燔宫、东汉董卓祸乱、东晋刘石攻陷洛阳，还有南朝梁萧绎毁书，列为自古以来五大书厄。这“五厄”基本把先秦到隋前官藏书籍一扫而尽，荡然无存了。

明代胡应麟把隋江都大乱、唐安史之乱、唐末黄巢入袭、北宋靖康之乱、元军攻陷南宋临安所造成的书籍浩劫，列为“续五厄”。隋乱后，有 32 万卷书籍被李世民运往长安，途中在黄河行船时，船撞砥柱山，书籍漂没，荡然无存。

近代祝文白又把明末闯王毁书、清绛云楼火灾、清乾隆禁毁、咸丰朝内忧外患、日寇侵华，列为“再续五厄”，合前“五厄”“续五厄”共 15 次。每次书厄都有大量古籍毁失，宫廷收藏的珍贵古籍损失殆尽。距离现在最近的清代皇家藏书“天禄琳琅”，如今也散藏在国家图书馆、辽宁省图书馆、台北故宫博物院等多家单位，也有部分毁失不存。

清末民初，国家积贫积弱，出土甲骨、敦煌遗书、居延汉简、《永乐大典》、《四库全书》等被列强劫掠，有些损毁涂炭，有些颠沛流离，令人扼腕。

古籍命运与国家兴衰、民族命运紧密相连。和世书集，盛世书修，衰世书散，乱世书亡。像《永乐大典》皇家秘藏 600 年，最后 11095 册就剩下如今的 434 册。《四库全书》七阁，现在只剩三阁半，其余都被烧毁。珍贵古籍流失海外，正像郑振铎先生所说：“史在他邦，文归海外，奇耻大辱，百世莫涤。”痛定思痛，令人叹息。

六、苦心孤诣，重建公藏

中华民族是有伟大创造力的民族，虽然历代水火兵燹造成大量典籍损毁灭失，但历代都有仁人志士甘于寂寞，整理文献；苦心孤诣，传承典籍；大难临头，保护抗争；保护修复，延续文脉。

有许多可歌可泣的事迹。比如，抗战时期郑振铎带领同仁，在上海“孤岛”组建“文献保存同志会”，抢救大量珍贵古籍，几乎等于当时国立北平图书馆珍贵古籍的藏量！著名收藏家周叔弢先生，在给孩子的一封信中写道：“书籍和字画、古董不同，它本身是公器，应该入到公藏图书馆。现在买下暂存，就是由于战乱，不能让外人掠走，也不能毁掉，代国家保存。等到海晏升平时，要把这些珍贵善本捐献国家。”他藏了400多部宋元善本，全部无私捐给国家。1951年，苏联把部分《永乐大典》归还中国后，周叔弢先生非常高兴，也把自己存的一册《大典》捐给国家，说：“珠还合浦，化私为公，此亦中国人民应尽之天责也。”

新中国成立后，党和国家为古籍保护传承做了大量工作，从海外回归、从民间征集了大量的珍贵古籍，重新建立起公藏古籍的庞大体系，现在90%以上的古籍都在公藏单位里。20世纪五六十年代，在周恩来总理亲切关怀下，国家斥巨资从香港购回大批古籍字画文物，存藏国家图书馆。1958年，国务院科学规划委员会古籍整理出版规划小组(今全国古籍整理出版规划领导小组前身）建立，60多年来整理出版了古籍3.6万种。1983年，教育部成立全国高等院校古籍整理研究工作委员会，40余年来建立了古典文献专业5个，高校古籍研究所90多个，招收本科生2400多人，硕士研究生6000多人，博士研究生1700多人，开展古籍整理研究项目3000多个。1985年，文化部成立全国图书馆文献缩微复制中心，近40年来在全国公共图书馆建立了23个缩微拍摄点，采取多种形式培训专业技术人员2500余人次。截至2023

为保护古籍我们有多努力？
几组数字告诉你！

年底，共抢救各类文献 19.42 万种，总拍摄量 8318 余万拍，其中善本古籍 3.3 万种 1963 万拍，普通古籍 8560 余种 573 万拍。

七、保护计划，成绩斐然

2007 年 1 月 19 日，国务院办公厅下发了《关于进一步加强古籍保护工作的意见》，对全国古籍保护工作进行总体部署，正式实施“中华古籍保护计划”，标志着我国历史上第一次由国家主持开展的全国古籍保护工程正式启动。

在国家有关部委领导下，在国家图书馆成立国家古籍保护中心，在各省馆成立省级保护中心，落实推进“中华古籍保护计划”。截至 2023 年底，全国 2861 家单位普查古籍 273 万余部另 1.8 万函，30 个省的公藏单位基本完成古籍普查登记工作，建立“全国古籍普查登记基本数据库”，发布 264 家单位的古籍书目数据 82.5 万条 790 万册（件）。出版 675 家单位的《全国古籍普查登记目录》142 种 221 册，收录 150 余万条款目。建立“海外中华古籍书目数据库”，编纂《日本藏中国古籍总目》《韩国藏中国古籍总目》，建立“中华历代古籍书目数据库”“中国古代典籍外文译本专题数据库”。载籍目录、普查目录、流散目录和外译目录完成后，中华民族历史上产生过多少书籍、目前还有多少、都收藏在哪里、翻译成什么文字就一清二楚了。这是多少代人都盼望了解的事情，也是古籍保护工作锲而不舍、顽强奋斗的产物。

目前，国务院还公布了 6 批《国家珍贵古籍名录》，13026 部古籍入选；20 个省建立了《省级珍贵古籍名录》，25476 部古籍入选。国务院公布了 6 批“全国古籍重点保护单位”，203 家单位入选；19 个省公布了“省级古籍重点保护单位”，252 家单位入选，成为古籍重点保护的对象。

经过全国古籍保护工作者近 20 年的协同配合、共同奋斗，全国古籍保护工作体系得以建立，底数大致摸清，我国古籍保护工作取得了多项阶段性成果。

一是古籍原生性保护取得好成绩。刚才说的203家全国古籍重点保护单位库房保存环境达标，超过2000万册的古籍得到了妥善保护。全国建立了12家国家级古籍修复中心，完成420余万叶古籍修复，如国家图书馆《永乐大典》“湖”字册、珍贵的西夏文献、清宫“天禄琳琅”、云南纳格拉洞藏文文献、山西宋辽金元珍贵古籍、西南大学敦煌遗书和宋版书、山东省图书馆宋版《文选》、上海图书馆家谱档案及金石拓本、陕西省图书馆《古今图书集成》等珍贵古籍都得到修复。20部国家标准和行业标准研制出版，两种古籍脱酸设备和全套古籍修复设备研制成功。100多种手工纸张成为修复用纸，新开化纸研究取得突破。

二是古籍再生性保护取得突出成绩。《中华再造善本》和《中华再造善本续编》影印1341种代表性古籍，《中华再造善本提要》和《中华再造善本续编提要》出版。国家图书馆每年资助影印出版古籍3000余部，仅国家图书馆出版社历年来影印古籍就已经超过4万种，《永乐大典》仿真影印、《中国国家图书馆藏敦煌文献》等新书不断出版。全国累计在线发布古籍数字资源超过13万部（件），39家图书馆参加国家古籍保护中心组织的联合发布。其中，国家图书馆“中华古籍资源库”发布的古籍特藏资源就达到10.4万部（件），在国家图书馆网站上一索即看，不用注册、登录。2023年，《国家珍贵古籍名录》知识库、《永乐大典》资源库等先后上线。

三是在全国建立“四位一体”古籍保护人才培养机制，有效缓解了古籍保护人才严重短缺情况。目前，全国整个古籍专业队伍，加上其他的整理、研究、出版、数字化人才，共1万多人，其中半数从事古籍保护工作。全国建立了12家国家古籍保护人才培训基地，开展国家和省级古籍保护培训。截至2023年底，国家古籍保护中心及全国各省级古籍保护中心共计举办培训班超过600期，培训古籍保护人员超过4万人次，涵盖2000多家单位；建立1家国家级古籍修复传习中心，附设47家传习所，聘请导师39位，收徒330余人，以师带徒方式修复古籍。现今全国古籍修复人员已超过 1000 人，而在 2007 年前全国大概还不到 100 人，技艺濒临断绝。此外，中高等院校也加强古籍保护人才培养：全国成立 4 家古籍保护研究院、30 余所中高等院校开设古籍保护专业，232 所高校的学生参与古籍普查志愿服务行动，受援单位覆盖 23 个省 272 家。

四是古籍保护推广成绩突出，古籍保护理念深入人心，社会参与程度逐年上升。在国家图书馆挂牌成立国家典籍博物馆。湖北、吉林等省也建立了典籍博物馆，举办了丰富多彩的展览和研学游活动。国家图书馆举办的文津讲堂、省部级领导干部历史文化系列讲座、中国典籍与文化系列讲座、国家图书馆名家讲坛等都受到读者热烈欢迎。“中国传统晒书大会”已经连续举办五届，带动全国古籍收藏单位参与活动，惠及民众 2700 多万人。全国图书馆文创联盟成员馆数量达

116 家，开发文创产品 1000 余种，取得社会效益和经济效益双丰收。

五是建立古籍保护学科。古籍具有书籍、文物、档案三重属性。古籍保护是以古籍为对象，研究造成其损坏的理化、生物、材料机理，或造成其损毁的自然和社会因素，采取科学合理的措施，延长其寿命、再造其生命、活化其内容、传承其思想的工作。古籍保护按保护类型主要分为原生性保护和再生性保护两部分。近年来还出现了“传承性保护”的概念。古籍保护学是研究古籍保护规律的学科，是典型的交叉学科和综合学科。文学、历史、哲学、语言、文献、地理等人文学科，图书、档案、信息、收藏等管理学科，物理、化学、生物、材料、计算机等理工学科，修复、传拓、装裱、造纸、制墨、治印、美术等非遗技艺和艺术学科都能在古籍保护学科中发挥重要作用。

◎ 国家图书馆敦煌遗书特藏库

八、保护事例，动人心魄

古籍保护成绩的取得，是全国古籍保护工作者和支持这项事业的人们筚路蓝缕、披荆斩棘干出来的。在古籍保护这条漫漫长路上，发生过许多动人心魄的故事。下面与大家分享几个事例。

一是西藏阿里地区古籍普查。在全国最早完成古籍普查的地市是海拔5000多米的“世界屋脊”西藏阿里地区。过去大家认为该地区海拔高，生存难，没有古籍。西藏古籍保护中心协助阿里地区成立了8支古籍普查队伍和1支督察队伍，全面安排阿里地区的古籍普查工作。普查工作历时6个月，结果发现该地区有7个县73座寺庙，以及地区档案馆、藏医院共计75个收藏单位和20位私人收藏者都有古籍，共普查登记了2000余函，拍摄了8万多幅书影。

阿里地区的普查对象较为分散，路途遥远，很多地方车辆无法通行，普查工作十分艰辛，普查队员牵马野炊，晚上住在羊圈里。普查工作者尼夏在日喀则普查时，正遇到尼泊尔大地震，山石从山上滚下来，非常危险。但山顶上有一座寺庙，里面可能有古籍。尼夏背着氧气瓶，慢慢上山，结果发现寺庙里有一部古籍，认真进行了登记。普查中，还在修行洞中发现了珍贵的元代刻经，说明元代时印刷术已经传到西藏。2012年，在国家图书馆举办的全国古籍普查工作经验交流会上，西藏古籍保护中心因在做普查没有参加会议，通过电脑传过来他们在阿里地区普查时风餐露宿的生活照片，很多人看后都流下了眼泪。古籍普查工作在全国铺开，六七年内，大多数单位都完成了普查工作。

二是云南纳格拉洞藏经的发现抢救保护。在云南迪庆香格里拉险峻的横断山脉高山峡谷，茶马古道蜿蜒其间。格咱乡岗曲河畔千米之上的绝壁间，隐藏着一个天然洞穴。2010年9月，上山采药的村民无意间在洞穴中发现了大量藏文古籍。得到消息的迪庆州图书馆组织考察队两次披荆斩棘，进入这个被称为纳格拉洞的藏宝地，将散落的藏文古籍全部收集起来，扛下山来。经初步整理，较完整的藏文经有 1153 叶，残片 856 叶。内容包括《甘珠尔》《大般若经》《妙法莲华经》《大宝积经》等，还有部分祭祀经书，火烧、霉斑、受潮痕迹明显，有些形成书砖，破损严重。迪庆州图书馆上报后，云南省古籍保护中心非常重视，在国家古籍保护中心协助下对这批藏经进行了价值鉴定和保护评估，决定开展抢救性修复工作。这批经的用纸是当地产狼毒草纸，很厚，修复是个难题。国家古籍保护中心在云南举办了 5 期修复培训班，在云南省图书馆修复大师杨立群带领下，大家边学习边总结边修复，创新出一套行之有效的修复办法，用当地狼毒草浆与残损的藏文古籍纸张自然接续，整旧如旧，不作装帧。2018 年，全部藏经 2285 叶修复完成。此后，云南省古籍保护中心进一步聘请藏学专家、民族学者进行普查登记和分类整理，为全国少数民族古籍保护和传承书写了浓

◎修复后的《永乐大典》"湖"字册

墨重彩的一笔。

三是《永乐大典》“湖”字册的发现与系统保护。《永乐大典》正文22877卷，目录60卷，装成11095册，是世界最大的百科全书。其永乐正本未见传世，只剩下嘉靖副本，从乾隆时8000多册到光绪年间剩下800多册，在八国联军侵华时几乎全部烧毁，现在全球仅存434册，星散于8个国家30多个公私藏家。2007年11月，在全国古籍普查专家组赴华东核查古籍善本时，意外发现加拿大籍华人袁女士手中藏有一册《永乐大典》。经有关部门组织专家多次鉴定，认定其为明嘉靖间《永乐大典》写本零册。在有关方面大力支持下，这册《永乐大典》最终收归国有，存藏国家图书馆。此册为《永乐大典》卷2272至2274卷“模”字韵的“湖”字一册，内容是以“湖”字挈领的相关文献，载录有关人事、名物、诗文等。国家图书馆恰好存有这册《永乐大典》前、后各一册。此册的发现，使“湖”字部分的内容能够前后相缀，得以完善。2023年，在中国文物保护基金会等的支持下，国家图书馆完成这册《永乐大典》的修复工作，采用织布设备最大限度地复原了《永乐大典》的书衣用绢，一根丝一根丝地对应连接修复，与原件完美契合，受到古籍修复专家的高度称赞，被称为古籍修复“天花板”。目前，《永乐大典》162册完善保存在国图善本库的三个大叶紫檀柜中。《永乐大典》“湖”字册是“中华古籍保护计划”开展以来流散海外的中华典籍实体回归祖国的成功案例，具有很好的示范作用。

九、应时顺势，创新保护

随着技术的发展和思路的不断创新，“加强文物古籍保护利用”这一重要命题在新时代焕发出新的生机。近年来，在“中华古籍保护计划”框架下，以“开放共享”理念为指引，国家图书馆（国家古籍保护中心）不断加大投入，积极开展古籍数字化和资源开放共享工作，在“中华古籍资源库”建设和服务提升方面取得了重要的阶段性成果。作为国内古籍特藏文献收藏量最大的单位，国家图书馆从 2000 年起有计划地将珍贵特色馆藏数字化，并陆续建成“数字方志”“碑帖菁华”等专题资源库，通过国家图书馆官网免费向社会公众发布。2007 年“中华古籍保护计划”实施之后，古籍数字化建设和开放共享走上快车道，依托国家图书馆丰富馆藏，通过自建、征集、海外合作等多种方式，整合汇聚资源，建设了“中华古籍资源库”，涵盖国家图书馆藏善本、普通古籍、甲骨、敦煌文献、碑帖拓片、西夏文献、赵城金藏、地方志、家谱、年画、老照片等，以及馆外、海外征集的古籍资源，供读者免费阅览。该库已成为全国古籍资源类型和品种最多、体量最大的综合性资源共享发布平台。古籍珍本随时出现在读者案头，为

◎ 国家图书馆古籍数字资源

广大读者和专家学者利用和研究提供了更加便捷、丰富的文献资料查阅途径。

我国自古就有晒书、曝书的习俗。每年农历六七月间，中华大地由南向北，逐次开展拜书、品书、祭书、咏书活动，这项源自书籍保存保护的活动，与雅集观摩紧密结合，形成悠久的晒书传统。为充分发挥古籍

收藏单位特别是公共图书馆在古籍保护中的主阵地作用，国家图书馆（国家古籍保护中心）自 2019 年开始，策划并号召全国举办中华传统晒书大会系列古籍活化宣传推广活动，至今已连续举办 5 届。各省区市数百家单位已晒出珍贵古籍上千种，各地根据自己独特的藏书和文化遗存特点，将晒书和地方文化旅游相结合，深入挖掘古籍的文化内涵，使晒书这一活动逐步发展成为保护典籍、传承文明的大众节日，真正让书写在古籍里的文字活起来。

十、面向未来，踔厉前行

习近平总书记指出："要系统梳理传统文化资源，让收藏在禁宫里的文物、陈列在广阔大地上的遗产、书写在古籍里的文字都活起来。"遵照习近平总书记给国家图书馆老专家回信的重要指示精神，新时代的古籍保护工作者要把"坚持正确政治方向，弘扬优秀传统文化，创新服务方式，推动全民阅读"作为保护古籍、传承文明、服务社会的重要着力点。《关于实施中华优秀传统文化传承发展工程的意见》《关于推进新时代古籍工作的意见》《2021—2035 年国家古籍工作规划》等文件，对古籍保护工作作了具体规划，其要点就是加强党对古籍工作的领导，进一步提升工作质量，全面加快转化利用，全面加强专业队伍，补足短板，落实制度保障。我们要按照党中央、国务院的部署，进一步把中华古籍保护计划做得更深更实。其中，最关键的是实现古籍与现代技术的有机结合，通过全国智慧图书馆体系建设，实现古籍的数字化传承和智慧化管理服务。

《关于推进新时代古籍工作的意见》

新时代是有史以来第一个可以完整保存、全面保护、深入挖掘、合理利用中华文化典籍遗产的时代。白居易有一首诗《废

◎ 国家图书馆总馆南区

琴》:“丝桐合为琴，中有太古声。古声澹无味，不称今人情。玉徽光彩灭，朱弦尘土生。废弃来已久，遗音尚泠泠。”古籍是我们的精神家园，承载着中华民族的基因和血脉，它仿佛是一架“遗音尚泠泠”的古琴，我们应该让它在今天发出“绕梁”“春雷”和“大圣遗音”，为建设中华民族现代文明贡献力量。

（供图单位：国家图书馆）